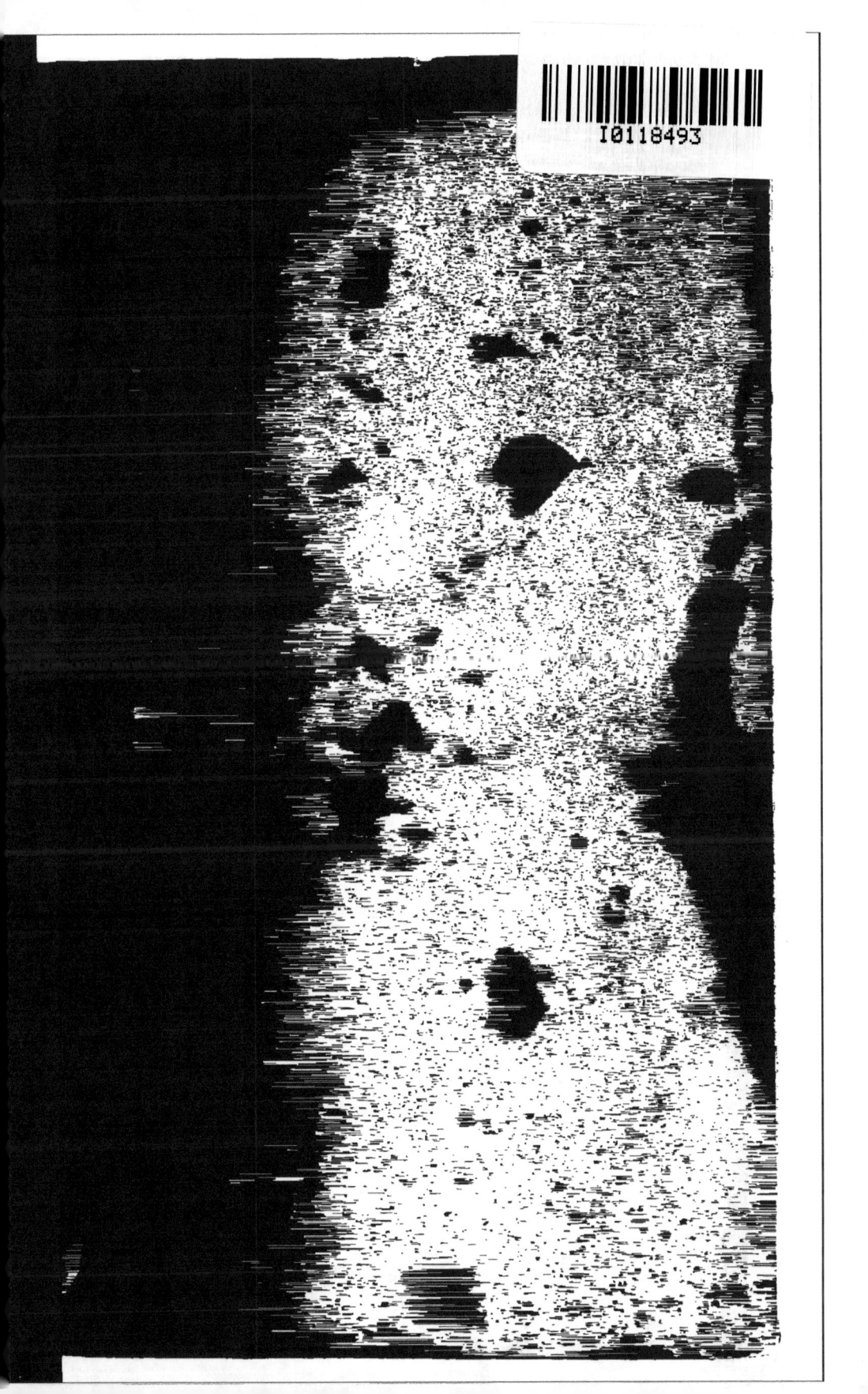

X

NOUVEAUX EXERCICES

D'ANALYSE,

POUR LES COMMENÇANTS.

Aug. Pirault

NOUVEAUX
EXERCICES

D'ANALYSE ET D'ORTHOGRAPHE,

POUR LES COMMENÇANTS,

CONTENANT :

1° Un questionnaire grammatical en tête de chaque exercice ;
2° De nouveaux procédés pour faire commencer l'analyse dès les premières leçons de Grammaire ;
3° De nombreux exercices d'analyse, sur un nouveau plan ;
4° Des exercices d'orthographe basés sur les règles de la Grammaire ;
5° Des exercices variés sur la *conjugaison* ;
6° Des exercices sur les *dérivés* ;
7° Des exercices sur les *homonymes*, sous forme de *dictées*, etc.;

Par Aug. BRAUD,

Maître de Pension.

A PARIS,

DÉZOBRY, E. MAGDELEINE ET Cⁱᵉ, LIBR.-ÉDITEURS,

RUE DES MAÇONS-SORBONNE, 1.

1849

Du même Auteur :

NOUVELLE GRAMMAIRE DES COMMENÇANTS, où chaque règle, précédée d'un n° d'ordre, renvoie au volume d'*Exercices*, pour une application immédiate, et contenant : des définitions simples et faciles ; plusieurs *questionnaires* sur chaque partie du discours ; de *nouveaux procédés* pour faciliter la conjugaison ; des verbes modèles conjugués sous quatre formes : 1° forme *affirmative* ; 2° forme *interrogative* ; 3° forme *négative* ; 4° forme *interrogative* et *négative* ; une théorie complète du *verbe*, du *sujet*, de l'*attribut* et du *complément*, *etc.*, *etc.* 3ᵉ édition, 1 vol. in-12. —Prix : cart. 1 fr.

Ouvrages Latins du même Auteur :

GRAMMAIRE LATINE DE LHOMOND, entièrement refondue, *ouvrage adopté* par l'Université, 6ᵉ édition, 1 fort vol. in-12, cart.
— Prix. 1 50
EXERCICES LATINS, 4ᵉ édition, 1 vol. in-12, cart. — Prix. . . 1 50
COURS DE THÈMES LATINS D'IMITATION, avec dictionnaires :
1ʳᵉ partie (*classes élémentaires*), 2ᵉ édition, 1 vol. 12, cart.
Prix. 1 50
2ᵉ partie (classe de 6ᵉ), 1 vol. in-12, cart. — Prix. . . . 1 50
THESAURUS MEMORIÆ, ou *Morceaux choisis de littérature latine*, seconde édition :
1ʳᵉ partie (classes de 6ᵉ et de 5ᵉ), texte latin, 1 vol. in-12, broché. — Prix. 0 50
1ʳᵉ id. (id. id.), traduction, 1 vol. in-12, br. — Prix. . . 0 30
2ᵉ partie (classes de 4ᵉ et de 3ᵉ), texte latin, 1 vol. in-12, br.
Prix. 0 50
2ᵉ id. (id. id.), traduction, 1 vol. in-12, br. — Prix. . . . 0 30

Coulommiers. — Imprimerie de A. MOUSSIN.

AVERTISSEMENT.

Lorsqu'un élève débute dans l'étude de la Grammaire, il a peu de devoirs à écrire. Nous nous proposons de l'occuper agréablement par nos *Exercices*, et de l'intéresser à une étude qui fait ordinairement le désespoir des commençants.

L'ensemble de nos procédés forme une méthode qui a été indiquée, dans ces derniers temps, par des auteurs très consciencieux, mais qui n'a point reçu une complète application dans la pratique, parce que les règles n'en avaient pas encore été bien déterminées. Si une expérience de vingt années ne suffisait pas pour gagner quelque crédit à notre travail, nous invoquerions du moins l'opinion des grammairiens modernes, qui combattent incessamment la vieille routine, et qui font appel à la sagacité des maîtres, pour diriger l'enseignement primaire dans la voie de progrès que lui ouvrent et nos institutions et l'état actuel des connaissances littéraires.

Une analyse faite à l'aide d'un dictionnaire, et rendue bientôt nulle par la routine, ne fait point comprendre la Grammaire; au contraire, c'est cette méthode qui cause tant de larmes aux enfants et qui dégoûte les commençants.

Ce que nous demandons ici, nous, et à quoi nous croyons arriver, c'est que l'élève ne dise rien, ne fasse rien en Grammaire, sans être amené à rendre un compte exact de ce qu'il dit et de ce qu'il fait. La difficulté est tellement amoindrie au début, que l'élève trouve du plaisir et de l'encouragement là où il n'y avait pour lui que chagrin et dégoût.

Pour faire comprendre l'avantage que le maître et l'élève trouveront sûrement dans l'emploi de cette méthode, voici quelques-uns des procédés que nous employons et qui sont répétés dans tout le cours de ce livre.

Nous supposons tout d'abord que l'élève a appris par

cœur, ou que le maître lui a déjà expliqué, les princi-
pes sur lesquels il s'agit de l'exercer.

Pendant que ces leçons ou ces explications se conti-
nuent, le maître groupe, devant le tableau noir surtout,
tous les élèves de la même section. Il adresse à chacun
une des questions qui se rapportent au devoir du jour,
puis il exige de chacun cite un ou plusieurs exemples de
l'objet en question, pour justifier la règle expliquée.

Soit, par exemple, le premier devoir, qui se rapporte
aux *mots* : le maître demande ce que c'est qu'un *mot*,
puis il exige que chaque élève en désigne quelques-uns.
Si l'élève n'écrit pas assez bien pour se faire comprendre, il les désigne au maître qui les écrit au tableau.
Chaque élève est appelé à son tour pour le même devoir. Après cet exercice préparatoire, tous les élèves
prennent le livre et indiquent au maître ce qu'ils consi-
dèrent comme *mots*.

Le maître fait ensuite copier sur cahier le premier devoir (Voyez n° 1), et exige que l'élève indique au bout
de chaque ligne le nombre de *mots* qu'elle renferme.

Viennent ensuite les *lettres*. Après avoir fait expliquer,
comme ci-dessus, ce qu'on entend par *voyelles*, le maître les fait désigner, de vive voix, à l'aide du livre, qui
est entre les mains des élèves ; puis il fait copier le devoir qui s'y rapporte, en avertissant l'élève qu'il doit
mettre un petit trait — sous chaque lettre qu'il croit
être une *voyelle*. On agit ainsi pour les *consonnes* et
pour les autres notions préliminaires. Il est bien entendu qu'un même devoir se répète jusqu'à ce qu'il se
fasse sans fautes, et que, si la matière du devoir, dans
le livre, ne suffisait pas, on continuerait ce devoir sur
les morceaux qui suivent ou sur ceux qui précèdent.

L'élève arrive graduellement aux parties du discours.
Là il abandonne les notions préliminaires, si elles sont
bien comprises, et s'occupe entièrement des parties es-
sentielles de la langue.

D'abord il désigne sur le tableau et dans son livre,
les *noms*, sans indication du *genre*, ni du *nombre*; puis,
dans le devoir écrit, il met un trait sous chaque mot
qu'il croit être un *nom*. Ensuite il s'occupe spécialement

des noms d'un même *genre*, d'un même *nombre*, etc., toujours de vive voix et par écrit, après avoir répondu exactement aux questions qui précèdent chaque exercice.

Lorsque l'élève a vu et appris ainsi deux ou un plus grand nombre de parties, il analyse de vive voix tout ce qu'il sait, et souligne, sur cahier, la partie seule qu'il doit apprendre.

Si, par exemple, on en était rendu aux *pronoms*, l'élève analyserait, de vive voix, dans le livre, le *nom*, l'*article*, l'*adjectif qualificatif*, l'*adjectif déterminatif* et le *pronom*, avec le *genre*, le *nombre* et l'*espèce* de chaque mot, mais il ne soulignerait que le *pronom*.

On comprend sans peine que l'élève, répétant chaque jour, de vive voix, tout ce qu'il a vu, sait tout aussi bien analyser que son maître, quand il arrive au bout de son livre.

Nous donnons l'assurance qu'aucun élève n'éprouvera de répugnance à ce devoir, et que c'est même celui qu'il fera avec le plus de plaisir. Ce qui tourmente un commençant, c'est surtout de faire par écrit un devoir qu'il ne comprend pas ; c'est ce défaut que nous avons voulu éviter.

Un bon point pour récompense à celui qui a bien fait, le renvoi à la fin de la section pour celui qui n'a pas *voulu* bien faire : c'est tout ce qu'il faut pour entretenir ou ramener l'émulation entre les enfants qui font ce devoir.

Pour nous, le succès de cette méthode ne peut être douteux, parce que l'expérience est là qui nous rassure. Nous osons espérer que l'expérience d'autrui ne nous démentira pas.

EXERCICES

LA GRAMMAIRE DES COMMENÇANTS.

CHAPITRE I. NOTIONS PRÉLIMINAIRES.

1. DES MOTS.

Qu'est-ce qu'un mot? (*Voyez Gr.*, n° 3).

Procédé : L'élève copiera cet exercice et indiquera au bout de chaque ligne, combien il y trouve de mots.

Combien y a-t-il de mots dans les vers suivants?

> Aux auteurs de ses jours prodiguer la tendresse,
> Est un devoir bien cher gravé dans notre cœur ;
> Adoucissons pour eux les maux de la vieillesse,
> Si de les conserver nous avons le bonheur.
>
> <div align="right">(Mme <i>d'Hautpoul</i>).</div>

2. DES VOYELLES. — (V. Gr., 5).

Combien y a-t-il de lettres dans l'alphabet français? (n° 4).
Qu'est-ce que les voyelles? —*Combien y en a-t-il?* —*Dites-les.* (5).

Procédé : L'élève, avant de faire cet exercice, devra lire le passage de sa Grammaire (n° 5) qui se rapporte aux *voyelles ;* puis il lira une ou deux lignes de ce qui suit, en désignant chaque lettre qu'il jugera être une *voyelle.* Prenons pour exemple deux des *mots* ci-dessus : *Aux auteurs.* L'élève dira : *Aux*, a, *voyelle*, u, *voyelle ; auteurs*, a, *voyelle*, u, *voyelle*, e, *voyelle*, etc. Ensuite il copiera l'exercice suivant et mettra un petit trait - sous chaque lettre qu'il croira être une *voyelle.*

Les exercices au tableau noir ne doivent jamais être négligés. C'est là surtout que, dans les explications du maître, l'élève trouve les ressources nécessaires pour vaincre les premières difficultés et prendre l'habitude de réfléchir avant de faire. — Quand les fautes sont faites sur le cahier, les observations perdent de leur prix, parce qu'elles sont trop tardives. Aussi, au début d'un nouvel exercice, faut-il toujours se servir du tableau noir pour redresser les premières erreurs et rassurer le jugement de l'enfant. — Puis on passe alternativement de l'exercice au tableau à celui de vive voix. Le devoir par écrit se fait chaque jour. — On continue cet exercice jusqu'à ce qu'il se fasse sans fautes.

Montrez les voyelles dans ce qui se suit :

Oui, c'est un Dieu caché que le Dieu qu'il faut croire !
Mais, tout caché qu'il est, pour révéler sa gloire,
Quels témoins éclatants devant moi rassemblés !
Répondez, cieux et mers, et vous, terre, parlez.

(Racine, fils).

3. DES VOYELLES. — (*Suite*).

Qu'entendez-vous par voyelles simples ?— Quelles sont-elles ? (5).
Qu'entend-on par voyelles composées ? — Donnez-en des exemples. (5).

Quel bras peut vous suspendre, innombrables étoiles ?
Nuit brillante, dis-nous qui t'a donné tes voiles ?
O cieux ! que de grandeur et quelle majesté !
J'y reconnais un maître à qui rien n'a coûté;
Et qui, dans nos déserts, a semé la lumière,
Ainsi que dans nos champs il sème la poussière.

(Racine, fils).

4. Des Consonnes. — (V. Gr., 6.)

Qu'entend-on par consonnes ?— Combien y en a-t-il ?— Pourquoi les nomme-t-on ainsi ? (6).

Il faut faire, pour cet exercice, ce qui a été dit au n°2. Seulement ici, de vive voix, l'élève prononcera chaque lettre en la désignant par le nom de *consonne* ou de *voyelle*; mais, par écrit, il ne soulignera que les *consonnes*.

Toi qu'annonce l'aurore, admirable flambeau,
Astre toujours le même, astre toujours nouveau,
Par quel ordre, ô Soleil, viens-tu du sein de l'onde
Nous rendre les rayons de ta clarté féconde ?

(Racine, fils).

Remarque. Si cet exercice ne suffit pas, on pourra employer les précédents pour la désignation orale des *voyelles* et des *consonnes*.

5. DE LA VOYELLE Y. — (V. Gr., 7.)

Qu'y a-t-il à dire sur la voyelle y? (7). — Dans quels cas vaut-elle un seul i? — Dans quels cas vaut-elle deux i? (7).

Dans cet exercice, l'élève montrera les mots où y se prononce comme un *i* simple ainsi que ceux où il équivaut à deux *i*, et dira pourquoi.

Des *yeux* bleus. Le *royaume* d'Espagne. On appelle *bey*, chez les Turcs, le gouverneur d'une province ou d'une ville. *Babylone* était une grande et superbe ville de l'Asie. *Essayez*-vous. On nomme *yacht*, un petit navire à un pont. Une *voyelle*. Un *cyprès*. L'île de *Chypre* est dans la mer Méditerranée. *Asseyons*-nous. L'*Égypte* est en Afrique. L'ardeur du soleil est bien vive en ce *pays*-là. Une *yole* est un petit canot à voiles fort léger. Ce malheureux ne pourra jamais *payer* ce qu'il doit. On donnait le nom de *dey* au prince souverain du *royaume* d'Alger. Une *hymne* est un cantique en l'honneur de la divinité. Comment appelle-t-on le fruit du *noyer* ? *Hippolyte* ira au *Gymnase* demain.

6. DE LA CONSONNE H. — (V. Gr., 8.)

Qu'y a-t-il à dire sur la consonne h ? — *Quand est-elle* muette ? — aspirée ? (8).

L'élève dira, pour chaque mot, à quoi il reconnaît que la consonne *h* est *muette* ou *aspirée*. Pour le devoir écrit, il rangera les mots sur deux colonnes : dans l'une, il inscrira ceux où cette consonne est *muette*, et dans l'autre, ceux où elle est *aspirée*.

L'*habitude* est une seconde nature. Donnez à cet *homme* une *hache* pour fendre ce bois de *hêtre*. Le *hasard* l'a favorisé : il est tombé du *haut* de cet arbre sans déchirer ses *hardes*. Les *horreurs* de la famine parmi des *hordes* de sauvages. Cette *haie* a déchiré mes *habits*. Les soldats ont fait une *halte* en passant devant les *halles*. Les *heures* se passent et notre *héros* ne revient pas. Les *haillons* de cette *malheureuse* la rendent digne de pitié. Aujourd'hui, vendredi, nous mangerons des *haricots* blancs. Voici un *hareng* qui n'est pas assez frais ; j'aime mieux des *huîtres*. Quelle *honte* vous devriez sentir ! Une *haine* implacable. Avez-vous vu mon *hérisson* ?

7. DES SYLLABES. — (V. Gr., 9.)

Qu'appelle-t-on syllabe ? — *Donnez des exemples.* (9).

Cet exercice est très important pour l'orthographe, dans l'avenir. — L'élève devra, de vive voix, prononcer chaque mot de manière à bien faire sentir chaque syllabe. — Sur le tableau, il séparera les syllabes par de petits traits, comme dans cet exemple : *A-me-ni-té.* Sur le cahier, il en fera autant, mais il écrira les mots les uns sous les autres, et, au bout de chacun, il indiquera le nombre de syllabes qu'il renferme.

> Il ne faut, mes enfants, ni tromper, ni mentir:
> L'honnête homme toujours dit la vérité pure.
> Soit pour vous excuser, soit pour vous divertir,
> Ne vous permettez pas la plus faible imposture.
>
> (*A. Boniface*).

8. Des monosyllabes et des polysyllabes (V. Gr., 10).

Qu'entendez-vous par monosyllabe? (10).

L'élève lira cet exercice et désignera les *monosyllabes* seulement; puis il le copiera sur son cahier, et mettra un petit trait sous chaque mot qu'il jugera être un *monosyllabe*. Chaque jour, un devoir semblable est remis au maître, jusqu'à ce qu'il se fasse sans fautes, de vive voix et par écrit.

> Mon Dieu, pendant cette semaine,
> Dans mes leçons et dans mes jeux,
> Gardez-moi de faute ou de peine,
> Car qui dit l'un, dit tous les deux.
> Donnez-moi cette humeur docile,
> Qui rend le devoir plus facile ;
> Et si ma mère m'avertit,
> Au lieu de cet esprit frivole,
> Seigneur, donnez-moi votre esprit. (*Mme A. Tastu*).

9. Suite des monosyllabes et des polysyllabes.

Qu'entendez-vous par dissyllabe ? (10).

L'élève désignera de vive voix, et soulignera sur le cahier, les *dissyllabes* seulement. De vive voix, il dira, par exemple : Notre, *dissyllabe*; père, *dissyllabe*; des, cieux; père, *dissyllabe*, etc.

> Notre père des cieux, père de tout le monde,
> De vos petits enfants c'est vous qui prenez soin ;
> Mais, à tant de bontés, vous voulez qu'on réponde,
> Et qu'on demande aussi, dans une foi profonde,
> Les choses dont on a besoin !
> Vous m'avez tout donné, la vie et la lumière,
> Le blé qui fait le pain, les fleurs qu'on aime à voir,

Et mon père et ma mère, et ma famille entière ;
Moi, je n'ai rien pour vous, mon Dieu, que la prière,
Que je vous dis matin et soir. (*M*me *A. Tastu*).

10. Suite des monosyllabes et des polysyllabes.

Qu'est-ce qu'un trissyllabe? (10).

L'élève indiquera les *trissyllabes* seulement, et de la même manière que ci-dessus ; de vive voix, il dira aussi les monosyllabes et les dissyllabes.

Inspirer l'estime et l'intérêt par votre bonne conduite ; obtenir par ce moyen, à mesure que vous avancez dans la vie, la considération des gens de bien ; vivre constamment en paix avec vous-même par la douceur et la sagesse de vos habitudes ; pouvoir sans cesse vous rendre le témoignage que votre conscience ne vous reproche rien ; cultiver l'amitié de tous ceux qui peuvent vous porter à la vertu: tels sont les principaux devoirs que la politesse du cœur vous impose envers vous-même. (*M*me *de Massieu*).

11. Suite des monosyllabes et des polysyllabes.

Qu'est-ce qu'un polysyllabe? (10). — *Un dissyllabe et un trissyllabe sont-ils aussi des* polysyllabes? (10).

L'élève indiquera, de vive voix, les *monosyllabes* et les divers *polysyllabes* ; mais, dans le devoir écrit, il ne soulignera que les *polysyllabes*.

Le chien, fidèle à l'homme, conservera toujours une portion de l'empire, un degré de supériorité sur les autres animaux. Il règne lui-même à la tête d'un troupeau ; il s'y fait mieux entendre que la voix du berger ; la sûreté, l'ordre et la discipline sont le fruit de sa vigilance et de son activité ; c'est un peuple qui lui est soumis, qu'il conduit, qu'il protége, et contre lequel il n'emploie jamais la force que pour y maintenir la paix. (*Buffon*).

12. Des diphthongues. — (V. Gr., 11).

Qu'est-ce qu'une diphthongue? — *Donnez-en des exemples* (11).

L'élève les désignera de vive voix et les soulignera sur son cahier. (Cet exercice, difficile pour les enfants, est sans importance actuelle pour eux. On peut le laisser).

2.

Dieu voit tout, est partout, on ne peut le tromper ;
A son œil pénétrant rien ne peut échapper. (4 *diphth*).

Écoutez la pitié, secourez vos égaux ;
Ajoutez à vos biens en soulageant leurs maux. (2 *diphth*).

Heureux ou malheureux, l'homme a besoin d'autrui :
Il ne vit qu'à moitié, s'il ne vit que pour lui. (5 *diphth*).

Le travail, mes enfants, est toujours nécessaire ;
C'est le devoir de l'homme et son consolateur ;
Il écarte l'ennui, nous donne le bonheur.
Que je plaindrais celui qui n'aurait rien à faire! (5 *diphth*).
    (*A. Boniface.* — Mémorial poétique).

13. SIGNES ORTHOGRAPHIQUES.—Accents. — (V. Gr., 12,
13 et 14).

Quels sont les divers signes orthographiques? (12).

L'élève nommera chaque accent qu'il rencontrera en lisant ; puis,
sur son cahier, il écrira les mots accentués les uns sous les autres, et
mettra, à la suite de chacun, les noms des accents.

Le chien, indépendamment de la beauté de sa forme, de
la vivacité, de la force, de la légèreté, a par excellence toutes les qualités extérieures qui peuvent lui attirer les regards
de l'homme ; un naturel ardent, colère, même féroce et
sanguinaire, rend, le chien sauvage redoutable à tous les
animaux, et cède, dans le chien domestique, aux sentiments les plus doux, au plaisir de s'attacher et au désir de
plaire ; il vient en rampant mettre aux pieds de son maître
son courage, sa force, ses talents ; il attend ses ordres
pour en faire usage ; il le consulte, il l'interroge, il le sup-
plie ; un coup d'œil suffit, il entend les signes de sa volonté.
    (*Buffon*).

14. *Qu'est-ce que les accents? — Quelle voyelle ne reçoit pas d'accent? (13). — Combien y a-t-il d'accents ? — Qu'est-ce que l'accent
aigu? (14 1°). — Qu'est-ce que l'accent grave? — Où se place-t-il? —
(14-2°). — Qu'est-ce que l'accent circonflexe? — Quel en est l'emploi?
(14-3°).*

Sans avoir, comme l'homme, la lumière de la pensée, le chien a toute la chaleur du sentiment; il a, de plus que lui, la fidélité, la constance dans ses affections; nulle ambition, nul intérêt, nul désir de la vengeance, nulle crainte que celle de plaire; il est tout zèle, tout ardeur et tout obéissance... Loin de s'irriter ou de fuir, il s'expose à de nouvelles épreuves; il lèche cette main, instrument de douleur, qui vient de le frapper; il ne lui oppose que la plainte, et la désarme enfin par la patience et la soumission. (*Buffon*).

Le théâtre. L'été. La sévérité. Une personne étrangère. Le trône de Dieu. Où allons-nous? Vous êtes déjà bien sévère pour votre âge. Vous reçûtes un grand éloge. Vous rendîtes, en ma présence, le livre qu'on vous avait prêté.

15. DE L'APOSTROPHE. — (V. Gr., 15.)

Qu'est-ce que l'apostrophe? — A quoi sert-elle? — Quelles voyelles remplace-t-elle? (15).

L'élève dira quelles sont les voyelles que remplace l'apostrophe. Pour le devoir sur cahier, il inscrira, les uns sous les autres, les mots qui ont une apostrophe; puis il fera suivre chacun d'eux du même mot sans apostrophe, avec le mot *pour*, comme dans la Grammaire : *l'âme* pour *la âme*, etc.

> Mon Dieu, ma tâche est terminée;
> Vous vous contentez de si peu,
> Que la fin de cette journée
> Pour vos enfants n'est plus que jeu.
> S'ils font tourner la corde agile,
> S'ils poussent le cerceau mobile,
> Qui roule et court sur les cailloux,
> Vous les suivez d'un œil de père,
> Et vous dites, comme ma mère :
> Allez, enfants, amusez-vous! (*Mme A. Tastu*).

> Sur ton esprit fais un effort;
> Apprends, n'en perds jamais l'envie;
> Car l'ignorance, en cette vie,
> Est une image de la mort. (*A. Boniface*).

L'oisiveté conduit à l'indigence. L'honneur suffit à

l'homme sage. L'étude a des charmes qui ne sont connus que d'un enfant laborieux.

16. DE LA CÉDILLE. — (V. Gr., 16.)

Qu'est-ce que la cédille? — *Donnez des exemples?* (16).

Procédé : L'élève lira chaque mot et dira comment il se prononcerait sans la cédille.

Cette maison a une jolie façade ; le maçon qui l'a bâtie a montré un bon goût. — Nous avons reçu une bonne lettre. Les enfants n'aperçoivent pas le danger. Il conçoit peu ce raisonnement. Cette leçon n'est pas difficile. Autrefois on prononçait *françois* pour français. L'hiver dernier, nous aperçûmes des glaçons qui pendaient des arbres. Combien coûte la façon de ce vêtement qui appartient à un Provençal?

17. DU TRÉMA. — (V. Gr., 17.)

Qu'est-ce que le tréma ? — *Donnez des exemples ?* (17).

Procédé : L'élève lira chaque mot où se trouve le tréma, et dira comment on le prononcerait sans le tréma.

Adam eut un fils cruel, nommé Caïn. Il ne faut haïr personne. Cet enfant est naïf, il avoue simplement sa faute. J'ai ouï (*entendu*) dire que votre sœur a raconté l'histoire de Moïse sans commettre une seule erreur, et qu'elle sait également bien celle d'Ésaü, de Saül, de David et de tout le peuple d'Israël. — Cette pointe est bien aiguë, vous pourrez vous faire mal. — La ciguë est une plante dangereuse : les Grecs forcèrent un philosophe, nommé Socrate, à en boire le jus, et il mourut empoisonné. — « Qui sert bien son pays n'a pas besoin d'aïeux. » (*Voltaire.*) — Cette école est dirigée par un laïque, et l'autre par un ecclésiastique.

18. DU TRAIT D'UNION. — (V. Gr., 18).

Qu'est-ce que le trait d'union? — Donnez-en quelques exemples? (18). — Un exercice sur ce signe serait ici sans utilité pour les commençants. Il serait d'ailleurs incomplet, puisqu'il faudrait s'abstenir d'en donner l'emploi pour les verbes, que l'on est censé ne pas connaître : (Viendras-tu ? Ira-t-il ?) — Qu'est-ce qu'une voyelle longue? — une voyelle brève? — Exemples. (19).

La même observation se présente pour les voyelles longues et les brèves, qui, à l'exception d'exemples comme ceux de la Grammaire, offrent de grandes difficultés pour les enfants.

19. DES TROIS SORTES D'e. — (V. Gr., 20 à 24.)

Combien y a-t-il de sortes d'e ? (20).— Qu'est-ce que l'e muet ? (21) — une syllabe muette ? (22).

Procédé : D'abord l'élève ne désignera, de vive voix et par écrit, (au moyen d'un petit trait) que l'*e muet* et les syllabes *muettes* (21, 22). Il fera cet exercice jusqu'à ce qu'il le présente sans fautes. On procèdera de la même manière pour l'*e fermé* (23) et l'*e ouvert* (24). — Il est presque inutile d'avertir que, si la matière qui se trouve ici ne suffisait pas pour un exercice, on le ferait faire sur ce qui précède.

Histoire d'un revenant. Un écrivain, nommé Vordac, a laissé des Mémoires où il raconte qu'étant à Plaisance, ville d'Italie, il alla dans une hôtellerie dont le maître avait perdu sa mère la nuit précédente.

Cet homme ayant envoyé un de ses domestiques chercher quelques linges dans la chambre de la défunte, celui-ci revint hors d'haleine, en criant que sa dame était revenue, qu'il l'avait vue, et qu'elle était couchée dans son lit. Un autre valet fit l'intrépide, et confirma la même chose.

20. Suite des trois sortes d'e.

Qu'est-ce que l'e fermé ? — Donnez-en des exemples ? (23).

Observation : Quand l'élève en est aux *e* fermés, il indique de vive voix les *e* muets et les *e* fermés, mais il ne souligne que que ces derniers. Il fera une semblable récapitulation, lorsqu'il arrivera aux *e* ouverts.

Le maître du logis voulut y aller à son tour et se fit accompagner de sa servante. Un moment après il descendit et cria à ceux qui logeaient chez lui : « Oui, messieurs, ma pauvre mère, Étienne Hane, je l'ai vue; mais je n'ai pas eu le courage de lui parler. »

Vordac prit un flambeau, et adressant la parole à un ecclésiastique de la compagnie : « Allons, monsieur. — Je le veux bien, répond l'abbé; pourvu que vous passiez le premier. » Toute la maison voulut être de la partie. On les suivit, on entra dans la chambre, on tira les rideaux du lit. Vordac aperçut la figure d'une vieille femme noire et ridée, assez bien coiffée, et qui faisait des grimaces ridicules.

21. Suite.

Qu'est-ce que l'e ouvert ? — Comment le reconnaît-on ? — Donnez des exemples ? (24-1° et 2°).

On dit au maître de la maison d'approcher, pour voir si c'était sa mère. « Oui, c'est elle. Ah ! ma pauvre mère, » Les valets crièrent de même que c'était leur maîtresse.

Vordac dit alors à l'ecclésiastique : « Vous êtes prêtre, monsieur, interrogez l'esprit. » Le prêtre s'avança, interrogea la morte, et lui jeta de l'eau bénite au visage. L'esprit, se sentant mouillé, sauta sur la tête de l'abbé et le mordit ; alors tout le monde s'enfuit.

L'esprit et l'ecclésiastique se débattant ensemble, la coiffure tomba, et Vordac vit que c'était un singe.

22. Suite.

Qu'est-ce que l'e ouvert ? — Comment le reconnaît-on ? — Donnez des exemples ? (24-1° et 2°).

Ce singe ayant vu souvent sa maîtresse se coiffer d'une certaine manière, avait mis sa coiffure et s'était ensuite couché sur le lit où elle reposait.

Tel est plus ou moins le fond de toutes les histoires des prétendus revenants : le dénouement est à peu près le même. Si l'on avait la force de les réduire toutes à leur juste valeur, les femmes, les enfants, et les cinq dixièmes des hommes, seraient exempts des frayeurs puériles qui consument la moitié de leur vie. (*Petite morale en action*).

23. DES LETTRES MAJUSCULES. — (V. Gr., 25.)

Qu'entendez-vous par lettres majuscules ? — Comment emploie-t-on ces lettres ? (25).

Procédé : L'élève dira pourquoi on emploie les lettres majuscules qui se trouvent dans l'exercice suivant, et il les soulignera sur son cahier.

La patience et l'éducation corrigent bien des défauts.

Une ourse avait un petit ours qui venait de naître. Il était horriblement laid. On ne reconnaissait en lui aucune figure d'animal : c'était une masse informe et hideuse. L'ourse, toute honteuse d'avoir un tel fils, va trouver sa voisine la corneille (1), qui faisait grand bruit par son caquet sous un arbre. « Que ferai-je, lui dit-elle, ma bonne commère, de ce petit monstre ? J'ai envie de l'étrangler. — Gardez-vous-en bien, dit la causeuse : j'ai vu d'autres ourses dans le même embarras que vous. Allez : léchez doucement votre fils ; il sera bientôt joli, mignon, et propre à vous faire honneur. » La mère crut facilement ce qu'on lui disait en faveur de son fils. Elle eut la patience de le lécher longtemps. Enfin, il commença à devenir moins difforme, et elle alla remercier la corneille en ces termes : « Si vous n'eussiez modéré mon impatience, j'aurais cruellement déchiré mon fils, qui fait maintenant tout le plaisir de ma vie. »

Oh ! que l'impatience empêche de biens et cause de maux ! (*Fénélon*).

24. Suite.

Quel est l'emploi des lettres majuscules? — Donnez des exemples? (25-3°).

Comme un poison mortel fuyons l'oisiveté :
Elle est l'arbre du mal, son fruit est infecté ;
Elle devient pour nous pire que cette rouille
Qui s'attache aux métaux, qui les ronge et les souille.

(*Didot*).

Expliquez les divers emplois des majuscules? (25-1°, 2°, 3°, 4°).

Paris est la ville capitale de la France. Le fleuve la Seine passe au milieu de Paris. Les Pyrénées sont des montagnes qui séparent l'Espagne de la France. — Bossuet, Fléchier, Bourdaloue et Massillon sont les plus célèbres prédicateurs qui aient paru.

(Le maître peut ajouter à ces exemples les noms des élèves, ce qui sera plus sensible pour leur intelligence).

25. DE LA PHRASE. — (V. Gr., 26.)

Qu'est-ce qu'une phrase? (26). — Qu'entend-on par discours? (27).

Procédé : L'élève lira l'exercice suivant et dira combien il renferme de phrases ; puis il sera amené à conclure que la réunion de

(1) Oiseau noir comme un corbeau, mais plus petit.

ces phrases forme le discours. — Cet exercice est, actuellement, de peu d'importance. Dans tous les cas, on en peut faire l'application aussi bien dans les exercices qui précèdent que dans ceux qui suivent.

Qu'est-il besoin de nouvelles recherches et de spéculations pénibles pour connaître ce qu'est Dieu? Nous n'avons qu'à lever les yeux en haut, nous voyons l'immensité des cieux, qui sont l'ouvrage de ses mains, ces grands corps de lumière qui roulent si régulièrement et si majestueusement sur nos têtes, et auprès desquels la terre n'est qu'un atôme imperceptible. Quelle magnificence? Qui a dit au soleil : « Sortez du néant, et présidez au jour? » et à la lune : « Paraissez, et soyez le flambeau de la nuit? » Qui a donné l'être et le nom à cette multitude d'étoiles qui décorent avec tant de splendeur le firmament, et qui sont autant de soleils immenses, attachés chacun à une espèce de monde nouveau qu'ils éclairent? Quel est l'ouvrier dont toute la puissance a pu opérer ces merveilles, où tout l'orgueil de la raison éblouie, se perd et se confond? Quel autre que le souverain créateur de l'univers pourrait les avoir opérées? Seraient-elles sorties d'elles-mêmes du sein du hasard et du néant? Et l'impie sera-t-il assez désespéré pour attribuer à ce qui n'est pas une toute-puissance ce qu'il ose refuser à celui qui est essentiellement et par qui tout a été fait?

Dieu a établi les cieux au-dessus de nos têtes comme des hérauts célestes qui ne cessent d'annoncer à tout l'univers sa grandeur : leur silence majestueux parle la langue de tous les hommes et de toutes les nations; c'est une voix entendue partout où la terre nourrit des habitants. Qu'on parcoure jusqu'aux extrémités les plus reculées de la terre, et les plus désertes; nul lieu dans l'univers, quelque caché qu'il soit au reste des hommes, ne peut se dérober à l'éclat de cette puissance qui brille au-dessus de nous dans les globes lumineux qui décorent le firmament. Voilà le premier livre que Dieu a montré aux hommes pour leur apprendre ce qu'il était : c'est là qu'ils étudièrent d'abord ce qu'il voulait leur manifester de ses perfections infinies : c'est à la vue de ces grands objets que, frappés d'admiration et d'une crainte respectueuse, ils se prosternaient pour en adorer l'auteur tout-puissant. (*Massillon*).

26. Récapitulation des exercices précédents. (V. Gr., n°s 1 à 28).

Procédé : Il est important que l'élève, dans un ou plusieurs exercices de vive voix, revoie rapidement ce qu'il a déjà vu. Il indiquera donc encore ici les *mots*, les *voyelles*, les *consonnes*, les *syllabes*, les *monosyllabes*, les *polysyllabes*, les signes *orthographiques*, les différentes sortes d'*e*, etc., etc., (du n° 2 au n° 27).

Dureté envers les indigents. On accompagne souvent la miséricorde de tant de dureté envers les malheureux ; en leur tendant une main secourable, on leur montre un visage si dur et si sévère, qu'un simple refus eût été moins accablant pour eux qu'une charité si sèche et si farouche ; car la pitié, qui paraît touchée de leurs maux, les console presque autant que la libéralité qui les soulage. On leur reproche leur force, leur paresse, leurs mœurs errantes et vagabondes ; on s'en prend à eux de leur indigence et de leur misère ; et en les secourant, on croit acheter le droit de les insulter.

Mais s'il était permis à ce malheureux que vous outragez, de vous répondre ; si l'abjection de son état n'avait pas mis le frein de la honte et du respect sur sa langue : « Que »me reprochez-vous, vous dirait-il, une vie oiseuse et des »mœurs inutiles et errantes ? Mais quels sont les soins qui »vous occupent dans votre opulence ? Les soucis de l'am- »bition , les inquiétudes de la fortune , les mouvements de « la volupté. Je puis être un serviteur inutile, n'êtes-vous « pas vous-même un serviteur infidèle ? Ah ! si les plus « coupables étaient les plus pauvres et les plus malheureux « ici-bas, votre destinée aurait-elle quelque chose au-des- « sus de la mienne ? Vous me reprochez des forces dont je « ne me sers pas : mais que faites-vous des vôtres ? Je ne « devrais pas manger parce que je ne travaille point : mais « êtes-vous dispensé vous-même de cette loi ? N'êtes-vous « riche que pour vivre dans une indigne mollesse ? Ah ! « Dieu jugera entre vous et moi ; et devant son tribunal « redoutable, on verra si vos voluptés et vos profusions « vous étaient plus permises que l'innocent artifice dont je « me sers pour trouver du soulagement à mes peines. »

Offrons du moins aux malheureux des cœurs sensibles à leurs misères ; adoucissons du moins, par notre humanité, le joug de l'indigence, si la médiocrité de notre fortune ne nous permet pas d'en soulager tout-à-fait nos frères. Hélas! on donne, dans un spectacle profane, des larmes aux aventures chimériques d'un personnage de théâtre; on honore des malheurs feints d'une véritable sensibilité; on sort d'une représentation le cœur encore tout ému du récit de l'infortune d'un héros fabuleux; et votre frère, que vous rencontrez au sortir de là, couvert de plaies, et qui veut vous entretenir de ses peines, vous trouve insensible; et vous détournez vos yeux de ce spectacle de religion, et vous ne daignez pas l'entendre, et vous l'éloignez même rudement, et achevez de lui serrer le cœur de tristesse! Ame inhumaine! le spectacle d'un homme souffrant n'offre-t-il rien qui soit digne de votre pitié? (*Massillon*).

CHAPITRE II. — MOTS VARIABLES (31).

Combien compte-t-on de parties du discours? — Dites-les? — En combien de classes les divise-t-on? — Dites-les? (30).

27. DU NOM OU SUBSTANTIF. — (V. Gr., 33, 34.)

Qu'entendez-vous par mots variables? — Dites-les. (31). — ... par mots invariables? — Dites-les. (32). — Qu'est-ce que le nom ou substantif? (33). — Qu'est-ce que le nom abstrait? (34).

Procédé: L'élève lira cet exercice et les suivants, et indiquera chaque *nom* en disant s'il représente une personne ou une chose. — Pour le devoir sur cahier, il mettra un trait sous chaque mot qu'il croira être un nom; le maître vérifiera ce devoir au temps qu'il aura de libre. — Avant de faire faire ces exercices, il sera bon que le maître avertisse ses élèves qu'il n'y a, dans le monde, que des *personnes* et des *choses*, et que chaque personne, chaque chose est désignée par un mot qui s'appelle *nom*. Il les exerce à trouver une multitude de noms dans les objets qui les entourent, qui sont sur eux-mêmes, ou qu'ils peuvent voir au-dehors du lieu qu'ils occupent. — Il demeure entendu qu'on refait un même exercice jusqu'à ce qu'il soit produit sans fautes, de vive voix et par écrit.

Le ciel, la terre, les eaux, l'homme, les animaux, les plantes, tout nous montre un Dieu créateur; c'est lui qui a formé les merveilles qui sont sous nos yeux. Nous ne le voyons pas, mais nous sentons, nous reconnaissons sa puissance jusque dans le moindre insecte perdu dans la poussière. (*Il y a douze noms*).

28. Suite.

Qu'est-ce que le nom? (33). —*Qu'est-ce que le nom* abstrait? (34).

Si nous trouvions, dans une plaine, une belle maison, d'une architecture régulière, avec des appartements commodément disposés et décorés avec magnificence, nous nous dirions aussitôt : Des hommes ont bâti cette maison ; ils l'ont meublée, ils l'ont décorée. *(Sept noms).*

29. Suite.

Qu'entendez-vous par un nom *ou* substantif? (33). — *Par un nom* abstrait? (34).

Si nous voyions une pendule marquant régulièrement les minutes, les heures, nous nous dirions de même : Un horloger a fait cette pendule ; il est impossible qu'elle se soit formée toute seule.

Eh bien ! en regardant les cieux, les étoiles, le soleil qui brille avec tant d'éclat, la terre qui est couverte de tant de merveilles, disons-nous aussi : Toutes ces choses n'ont pu se produire d'elles-mêmes ; l'homme n'a pu les faire ; il y a donc un être plus puissant qui les a créées : cet être c'est Dieu, l'auteur de tout ce qui existe. *(Seize noms).*

30. Suite.

Qu'appelle-t-on nom *ou* substantif? (33). — *nom* abstrait? (34).

Dieu donc est notre père ; mais c'est un père tendre et vigilant qui ne nous abandonne pas d'une minute : il nous envoie chaque jour la lumière qui nous éclaire et le pain qui nous nourrit. Et que nous demande-t-il pour tant de bienfaits ? il veut que nous l'aimions. Ah ! combien nous serions ingrats et coupables, si nous nous refusions à ses désirs, si nous lui fermions notre cœur ! C'est de lui que tout vient ; c'est à lui que nous devons rapporter tous nos sentiments et tout notre amour. *(Douze noms).*

(Pierre Blanchard).

31. Suite.

Qu'est-ce que le nom abstrait? (34).

LE BON EMPLOI DU TEMPS.

Comme la bienfaisante pluie
Féconde la terre en été,
Dieu fit, pour féconder la vie,
Le travail et l'activité.
Ne laissons point d'heure inutile,
Songeons que la paille stérile
Est foulée au pied du glaneur ;
Puissent s'amasser nos journées,
Comme les gerbes moissonnées,
Dans le grenier du laboureur, *(Quinze noms).*

(*M*ᵐᵉ *A. Tastu*).

32. Noms MASCULINS seulement. — (V. Gr., 40.)

Qu'entend-on par genre *dans les noms? — Combien y en a-t-il?* (35). — *Quels noms sont du genre* masculin*?* (36).

Procédé : L'élève dira et soulignera les noms *masculins* seulement ; mais, auparavant, il dira à quoi on reconnaît les noms de ce genre. (40).

Le Cheval.

La plus noble conquête que l'homme ait jamais faite est celle de ce fier et fougueux animal, qui partage avec lui les fatigues de la guerre et la gloire des combats : aussi intrépide que son maître, le cheval voit le péril et l'affronte ; il se fait au bruit des armes, il l'aime, il le cherche, il s'anime de la même ardeur. Il partage aussi ses plaisirs : à la chasse, aux tournois (1), à la course, il brille, il étincelle. Mais, docile autant que courageux, il ne se laisse point emporter à son feu ; il sait réprimer ses mouvements : non-seulement il fléchit sous la main de celui qui le guide, mais il semble consulter ses désirs ; et, obéissant toujours aux impressions qu'il en reçoit, il se précipite, se modère ou s'arrête, et n'agit que pour y satisfaire. *(Douze noms masculins).* (*Buffon*).

_____

(1) Le *tournoi* était une fête publique et militaire, où l'on s'exerçait à plusieurs sortes de combats, soit à cheval, soit à pied.

33. Suite des noms *masculins*.

De quel genre sont les noms de certains animaux? (38). — De quel genre sont les noms des choses inanimées? *(39). — Quel est le moyen mécanique de reconnaître le genre d'un nom de chose? (40).*

Le Lion et le Tigre.

Dans la classe des animaux carnassiers, le lion est le premier, le tigre est le second; et comme le premier, même dans un mauvais genre, est toujours le plus grand et souvent le meilleur, le second est ordinairement le plus méchant de tous. A la fierté, au courage, à la force, le lion joint la noblesse, la clémence, la magnanimité; tandis que le tigre est bassement féroce, cruel sans justice, c'est-à-dire sans nécessité.

Il en est de même dans tout ordre de choses où les rangs sont donnés par la force; le premier, qui peut tout, est moins tyran que l'autre, qui, ne pouvant jouir de la puissance plénière, s'en venge en abusant du pouvoir qu'il a pu s'arroger. Aussi le tigre est-il plus à craindre que le lion : celui-ci souvent oublie qu'il est le roi, c'est-à-dire le plus fort de tous les animaux; marchant d'un pas tranquille, il n'attaque jamais l'homme, à moins qu'il ne soit provoqué; il ne précipite ses pas, il ne court, il ne chasse que quand la faim le presse. *(Dix-sept noms masculins).*

34. Suite des noms *masculins*.

A quoi reconnaîtrai-je qu'un nom de chose *est du genre masculin? (40).*

Le tigre, au contraire, quoique rassasié de chair, semble toujours être altéré de sang; sa fureur n'a d'autres in-intervalles que ceux du temps qu'il faut pour dresser des embûches; il saisit et déchire une nouvelle proie avec la même rage qu'il vient d'exercer, et non pas d'assouvir, en dévorant la première; il désole le pays qu'il habite, il ne craint ni l'aspect ni les armes de l'homme; il égorge, il dévaste les troupeaux d'animaux domestiques, met à mort toutes les bêtes sauvages, attaque les petits éléphants, les jeunes rhinocéros, et quelquefois même ose braver le lion. *(Douze noms masculins).*

35. Suite des noms *masculins.*

Comment s'assure-t-on si un nom de chose est du genre mascu-lin? (40).

La forme du corps est ordinairement d'accord avec le naturel. Le lion a l'air noble ; la hauteur de ses jambes est proportionnée à la longueur de son corps ; l'épaisse et grande crinière qui couvre ses épaules et ombrage sa face, son regard assuré, sa démarche grave, tout semble annoncer sa fière et majestueuse intrépidité. Le tigre, trop long de corps, trop bas sur ses jambes, la tête nue, les yeux hagards, la langue couleur de sang, toujours hors de la gueule, n'a que le caractère de la basse méchanceté et de l'insatiable cruauté ; il n'a pour tout instinct qu'une rage constante, une fureur aveugle, qui ne connaît, qui ne distingue rien, et qui lui fait souvent dévorer ses propres enfants, et déchirer leur mère lorsqu'elle veut les défendre. Que ne l'eût-il à l'excès, cette soif de sang, et ne pût-il l'éteindre qu'en détruisant, dès leur naissance, la race entière des monstres qu'il produit ! (*Buffon*).

36. Noms FÉMININS seulement. — (V. Gr., 40).

Quels noms sont du genre féminin? (37). — De quel genre sont les noms de choses inanimées ? (39).

Procédé : L'élève dira les noms *masculins* et les *féminins*, mais il ne soulignera que les noms *féminins*, sur le cahier.

Les bonnes œuvres.

Les prières et les aumônes ne s'arrêtent point ici-bas, elles montent devant Dieu. Le monde est une figure qui passe déjà, et les cieux doivent un jour disparaître avec un bruit de tempête ; mais les œuvres de la charité nous suivent après la mort, et elles doivent nous accompagner jusqu'au trône de Dieu, après la destruction des trônes de la terre.

Faire du bien n'est donc pas seulement la vie des belles âmes ; c'est encore le moyen de perpétuer une belle vie ; c'est moissonner dans le temps pour l'éternité ; c'est jeter sur la terre une semence qui, germant au-delà du tombeau, nous produit dans le ciel une moisson de gloire et de bonheur ; c'est une divine manière de se perpétuer, un moyen de triompher de la mort, un art de ne mourir jamais. (*Dix-neuf noms féminins*). (*Abbadie*).

37. Suite des noms *féminins*,

Quel est le moyen de reconnaître si un nom est du genre féminin? (40).

Combat du Taureau, en Espagne.

Le signal se donne, la barrière s'ouvre, le taureau s'élance au milieu du cirque ; mais, au bruit de mille fanfares, aux cris, à la vue des spectateurs, il s'arrête, inquiet et troublé ; ses naseaux fument ; ses regards brûlants errent sur les amphithéâtres ; il semble également en proie à la surprise, à la fureur. Tout-à-coup il se précipite sur un cavalier, qui le blesse et fuit rapidement à l'autre bout. Le taureau s'irrite, le poursuit de près, frappe à coups redoublés la terre, et fond sur le voile éclatant que lui présente un combattant à pied. (*Sept noms féminins*).

38. Suite des noms *féminins*.

L'adroit Espagnol, dans le même instant, évite à la fois sa rencontre, suspend à ses cornes le voile léger, et lui darde une flèche aiguë qui de nouveau fait couler son sang. Percé bientôt de toutes les lances, blessé de ces traits pénétrants dont le fer courbé reste dans la plaie, l'animal bondit dans l'arène, pousse d'horribles mugissements, s'agite en parcourant le cirque, secoue les flèches nombreuses enfoncées dans son large cou, fait voler ensemble les cailloux broyés, les lambeaux de pourpre sanglants, les flots d'écume rougie, et tombe enfin épuisé d'efforts, de colère et de douleur. (*Florian.* — Gonzalve de Cordoue).

39. Suite des noms *féminins*.

A quoi reconnaît-on qu'un nom de chose est du genre féminin? (40).

LE CYGNE.

Dans toute société, soit des animaux, soit des hommes, la violence fit les tyrans, la douce autorité fait les rois. Le lion et le tigre sur la terre, l'aigle et le vautour dans les airs, ne règnent que par la guerre, ne dominent que par l'abus de la force et par la cruauté : au lieu que le cygne règne sur les eaux à tous les titres qui fondent un empire de paix ; la grandeur, la majesté, la douceur, avec des puissances, des forces, du courage, et la volonté de ne pas en abuser, et de ne les employer que pour la défense : il sait combattre et vaincre, sans jamais attaquer ; roi paisible des oiseaux d'eau, il brave les tyrans de l'air ; il attend l'aigle sans le provoquer, sans le craindre ; il repousse ses assauts, en opposant à ses armes la résistance de ses plumes, et les coups précipités d'une aile vigoureuse qui lui sert d'égide ; et souvent la victoire couronne ses efforts.

(Buffon).

40. DU NOMBRE DANS LES NOMS. — (V. Gr., 41 à 45).

Qu'est-ce que le nombre *dans les noms ? (41). — Combien y a-t-il de nombres ? (42). — Qu'est-ce que le nombre* singulier *? (43).*

Procédé : L'élève dira et soulignera les noms des deux *genres,* mais du nombre *singulier* seulement. (Gr. n° 43).

Suite du Cygne.

Tous les oiseaux de guerre respectent le cygne, et il est en paix avec toute la nature ; il vit en ami plutôt qu'en roi au milieu des nombreuses peuplades des oiseaux aquatiques (1), qui toutes semblent se ranger sous sa loi ; il n'est que le chef, le premier habitant d'une république tranquille, où les citoyens n'ont rien à craindre d'un maître qui ne demande qu'autant qu'il leur accorde, et ne veut que calme et liberté. *(Quatorze noms singuliers).*

(Buffon).

41. Suite des noms *singuliers.* -- (V. Gr., 43).

Dans quel cas un nom est-il du nombre singulier *? (43).*

Les grâces de la figure, la beauté de la forme, répondent dans le cygne à la douceur du naturel ; il plaît à tous les

---

(1) Oiseau *aquatique*, qui vit sur l'eau. (Du mot latin *aqua*, eau).

yeux; il décore, embellit tous les lieux qu'il fréquente; on l'aime, on l'applaudit, on l'admire; nulle espèce ne le mérite mieux. La nature, en effet, n'a répandu sur aucun autant de ces grâces nobles et douces qui nous rappellent l'idée de ses plus charmants ouvrages : coupe de corps élégante, formes arrondies, gracieux contours, blancheur éclatante et pure, mouvements flexibles et ressentis, attitudes tantôt animées, tantôt laissées dans un mol abandon, tout, dans le cygne, respire la volupté, l'enchantement que nous font éprouver les grâces et la beauté. *(Dix-sept noms singuliers)*. (Buffon).

42. Suite des noms *singuliers.*

Comment reconnaît-on qu'un nom est du nombre singulier ? (43).

A sa noble aisance, à la facilité, la liberté de ses mouvements sur l'eau, on doit reconnaître le cygne, non seulement comme le premier des navigateurs ailés, mais comme le plus beau modèle que la nature nous ait offert pour l'art de la navigation. Son cou élevé, et sa poitrine relevée et arrondie, semblent en effet figurer la proue (1) du navire fendant l'onde ; son large estomac en représente la carène (2); son corps, penché en avant pour cingler (3), se redresse à l'arrière, et se relève en poupe (4); sa queue est un vrai gouvernail ; ses pieds sont de larges rames, et ses grandes ailes demi-ouvertes au vent, et doucement enflées, sont les voiles qui poussent le vaisseau vivant, navire et pilote (5) à la fois. (*Buffon*).

43. Suite des noms *singuliers.*

Qu'entendez-vous par nom singulier? (43).

Aux avantages de la nature, le cygne réunit ceux de la liberté ; il n'est pas du nombre de ces esclaves que nous puissions contraindre ou renfermer ; libre sur nos eaux, il n'y séjourne, ne s'y établit qu'en jouissant d'assez d'indépen-

---

(1) *Proue*, le devant d'un navire. — (2) *Carène*, quille et flanc d'un navire jusqu'à fleur d'eau. — (3) *Cingler*, naviguer à pleines voiles. — (4) *Poupe*, le derrière d'un navire. — (5) *Pilote*, celui qui dirige un navire.

Aug. Br. *Exerc.*   1

dance pour exclure tout sentiment de servitude et de cap-
tivité ; il veut à son gré parcourir les eaux, débarquer au
rivage, s'éloigner au large, ou venir, longeant la rive, s'a-
briter sous les bords, se cacher dans les joncs, s'enfoncer
dans les anses les plus écartées ; puis, quittant sa solitude,
revenir à la société, et jouir du plaisir qu'il paraît prendre et goûter en s'approchant de l'homme, pourvu qu'il
trouve en nous ses hôtes et ses amis, et non ses maîtres et
ses tyrans. (*Buffon*).

44. Noms *pluriels*. — (V. Gr., 44.).

Qu'est-ce que le nombre pluriel *dans les noms ?* (44).

Procédé : L'élève dira, de vive voix, les noms des deux *genres* et des deux *nombres*, mais il ne soulignera que les noms *pluriels*.

Le Paon.

Si l'empire appartenait à la beauté, et non à la force, le
paon serait, sans contredit, le roi des oiseaux ; il n'en est
point sur qui la nature ait versé ses trésors avec plus de
profusion : la taille grande, le port imposant, la démarche
fière, la figure noble, les proportions du corps élégantes et
sveltes, tout ce qui annonce un être de distinction lui a été
donné ; une aigrette mobile et légère, peinte des plus riches couleurs, orne sa tête, et l'élève sans la charger ; son
incomparable plumage semble réunir tout ce qui flatte nos
yeux dans le coloris tendre et frais des plus belles fleurs,
tout ce qui les éblouit dans les reflets pétillants des pierre-
ries, tout ce qui les étonne dans l'éclat majestueux de l'arc-
en-ciel. *(Huit noms pluriels)*. (*Guéneau de Montbéliard*).

45. Suite des noms *pluriels*.

Dans quel cas un nom est-il du nombre pluriel ? (45).

Non seulement la nature a réuni sur le plumage du
paon toutes les couleurs du ciel et de la terre, pour en
faire le chef-d'œuvre de sa magnificence, elle les a encore
mêlées, assorties, nuancées, fondues de son inimitable
pinceau, et en a fait un tableau unique, où elles tirent de
leur mélange avec des nuances plus sombres et de leurs
oppositions entre elles, un nouveau lustre, et des effets de

lumière si sublimes, que notre art ne peut ni les imiter, ni les décrire.

Tel paraît à nos yeux le plumage du paon, lorsqu'il se promène paisible et seul dans un beau jour de printemps. *(Cinq noms pluriels). (Guéneau de Montbéliard).*

46. Suite des noms *pluriels.*

Comment reconnaît-on qu'un nom est du nombre pluriel ? (44).

LE LEVER DU SOLEIL.

On le voit s'annoncer de loin par les traits de feu qu'il lance au-devant de lui. L'incendie augmente, l'orient paraît tout en flammes : à leur éclat, on attend l'astre long-temps avant qu'il se montre ; à chaque instant on croit le voir paraître ; on le voit enfin. Un point brillant part comme un éclair, et remplit aussitôt tout l'espace ; le voile des ténèbres s'efface et tombe ; l'homme reconnaît son séjour et le trouve embelli. La verdure a pris, durant la nuit, une vigueur nouvelle ; le jour naissant qui l'éclaire, les premiers rayons qui la dorent, la montrent couverte d'un brillant réseau de rosée, qui réfléchit à l'œil la lumière et les couleurs. *(J.-J. Rousseau. Émile).*

47. Suite des noms *pluriels.*

Les oiseaux, en chœur, se réunissent et saluent de concert le père de la vie ; en ce moment pas un ne se tait. Leur gazouillement, faible encore, est plus lent et plus doux que dans le reste de la journée : il se sent de la langueur d'un paisible réveil. Le concours de tous ces objets porte aux sens une impression de fraîcheur qui semble pénétrer jusqu'à l'âme. Il y a là une demi-heure d'enchantement auquel nul ne résiste : un spectacle si grand, si beau, si délicieux, ne laisse aucun de sang-froid. *(J.-J. Rousseau. Émile).*

Observation. Nous répétons que, si la matière que nous donnons ici ne suffit pas, l'élève continue à faire ses exercices sur les morceaux qui précèdent et qui n'ont pas servi encore pour la partie sur laquelle il doit être exercé.

EXERCICES D'ORTHOGRAPHE (V. Gr., 46.)

48. FORMATION DU PLURIEL DANS LES NOMS. (V. Gr., 46).

Comment forme-t-on le pluriel dans les noms? (46).

Procédé : Pendant que l'élève continue à faire, de vive voix et par écrit, ses exercices d'analyse sur les choses qu'il ne sait pas bien encore dans ce qui précède, on commence à l'exercer sur l'*orthographe*, par des devoirs gradués et basés sur les règles de sa Grammaire.

Ici, par exemple, l'élève divisera son cahier en deux colonnes : dans la première, il copiera les noms tels qu'ils sont ci-dessous ; dans la colonne de droite, il écrira les mêmes noms en les mettant au pluriel d'après la règle (46) de sa grammaire.

Noms singuliers qu'il faut mettre au pluriel.

Le livre, les...	Ton frère, ses...
La plume, les...	Le père, les...
Mon canif, mes...	La mère, ces deux...
Son cahier, ses...	Un arbre, des...
Un rocher, des...	Une chemise, quatre...
Ce boucher, ces...	La cheminée, les...
Ta serviette, tes...	Une poignée, des...
La chambre, deux...	Ma poupée, tes...
Ma cravate, trois...	L'araignée, les...
Le moulin, les...	L'homme, les...
Le crayon, ses...	Un honneur, des...
La grammaire, les...	Une couleur, des...
Une rue, des...	Une sœur, mes...

49. Suite des exercices d'orthographe. — (V. Gr., 28, 46).

Comment se forme le pluriel dans les noms? (46).

Un enfant, des...	La robe, mes...
L'appartement, les...	Notre cousin, nos...
L'ombre, les...	Votre ami, vos...
La fontaine, les...	Le jour, trois...
Le chant, les...	La cour, les...
Le champ, des...	Un rasoir, deux...
L'écureuil, deux...	Une écritoire, des...
Le pantalon, les ..	Le soir, tous les...

Leur maison, nos...
La douleur, des...
Un navire, cinq...
Une lyre, des...
Une harpe, des...
Ma pensée, vos...
Ton aiguille, ses...

Une anguille, des...
La fille, les...
Cette tuile, ces...
Une saignée, deux...
Une émotion, des...
L'action, les...
L'armoire, les...

50. Suite des exercices d'orthographe. (V. Gr., 46).

Procédé : A côté des noms pluriels qui suivent, l'élève mettra les mêmes noms au singulier (43).

Les camarades, le...
Des anges, un...
Nos jardins, notre...
Ces philosophes, ce...
Ces théâtres, ce...
Nos ennemis, cet...
Vos écoliers, votre...
Les danses, la...
Mes encriers, mon...
Nos assemblées, cette...
Les rivières, la...
Trois fleuves, un...
Deux habits, un...

Nos habitations, notre...
Les clés, la...
Les chefs, un..,
Ses statues, sa...
Les familles, la...
Vos vertus, votre...
Dix tribus, une...
Les tributs, le...
Les feuilles, la...
Ces épingles, cette...
Les officiers, l'...
Les coutumes, la...
Nos armées, l'...

51. Suite. (V. Gr., 43-46).

Les tables, la...
Deux lampes, une...
Trois montres, ma...
Tes sentiments, mon...
Ces ouvriers, cet...
Les architectes, l'...
Les oranges, l'...
Les huiles, l'...
Les armes, l'...
Nos fusils, notre...
Vos outils, votre...
Ses opinions, son...
Les desseins, votre...
Mes dessins, mon...

Les montagnes, la...
Nos campagnes, notre...
Ces compagnies, cette...
Les écrivains, l'...
Les élèves, l'...
Les auditeurs, l'...
Les orateurs, l'...
Nos moutons, ce...
Des boutons, un...
Deux cravates, une...
Les branches, la...
Des manches, un, une...
Trois mouchoirs, ton...
Les lumières, la...

2.

52. Suite du nombre dans les noms. (V. Gr., 46.).

Qu'entend-on par h muet ? — Par h aspiré ? (8).

Observation. Dans la colonne de gauche les mots sont écrits avec un *h* muet, et dans celle de droite par un *h* aspiré. (*Gr.*, n° 8).

L'hiver, les...	La haine, les...
Un huissier, des...	Les halles, la...
Les héritiers, l'...	Une harpe, des...
Ces historiens, cet...	Des hannetons, un...
Un habillement, trois...	Le héros, les...
Des hospices, un seul...	Les hanches, la...
L'hameçon, les...	La hotte, deux...
Nos hommages, l'...	Des haricots, un...
L'habitant, des...	Un hangar, des...
Des habitudes, une...	Des haies, une...
Une horloge, deux...	La houlette, les...
Trois heures, une...	Les hêtres, un...
Une huître, des...	Une hache, des...
Les hérétiques, un...	Des homards, un... (*grosse écrevisse*).

53. Suite du nombre dans les noms.

Qu'y a-t-il à dire sur les noms terminés au singulier par s, x ou z? (47).

Procédé : L'élève écrira les noms suivants d'après la réponse à la question qui précède.

Un bras, des...	Un commis, deux...
Des compas, un...	Des héros, un...
Mon bas, tes...	Un tamis, trois...
Les fils, le...	Les palais, le...
Le pays, les...	Un prix, des...
Des lis, un...	Des crucifix, un...
Ce tapis, ces...	Une noix, des...
Nos succès, notre...	Des croix, la...
Votre procès, des...	Un choix, les...
Des Français, un...	Des perdrix, une...
Un Anglais, des...	Votre voix, nos...
Des cours, un...	Des nez, un...
Son discours, ses...	Un gaz, des...
Leurs secours, ton...	Ces riz, ce...

54. Suite de la formation du pluriel. (V. Gr., 48).

Comment écrit-on au pluriel les noms terminés au singulier par au ou par eu ? (48).

Procédé : L'élève écrira, en tête de cet exercice, la règle de Grammaire, n° 48. Il écrira aussi chaque règle en tête des exercices suivants.

Le maître exercera aussi ses élèves à écrire de ces noms, tantôt au *singulier* pour demander le pluriel, tantôt au *pluriel* pour en faire déduire le singulier.

Un étau, des...	Son moineau, tes...
Le joyau, les...	Un plateau, des...
Ce noyau, ces...	Ce roseau, ces...
Ce tuyau, ces...	Un taureau, trois...
Mon bateau, tes...	Mon veau, mes...
Son bandeau, ses...	Un aveu, des...
Notre bureau, vos...	Le feu, les...
Un cadeau, des...	Un adieu, mes...
Mon château, mes...	Mon neveu, tes...
Votre couteau, nos...	Le cheveu, les...
Un fuseau, des...	Le milieu, les...
Ce gâteau, ces...	Le lieu, les...
Le hameau, les...	Un jeu, des...
Ton manteau, nos...	Un seul Dieu, les faux...
Un marteau, deux...	

55. Suite. (V. Gr., 49 et 50).

Combien y a-t-il de noms en ou qui prennent un x au pluriel ? (46). — *Comment se forme le pluriel des autres noms en ou ?* (49). — *Que dites-vous sur le pluriel des noms en al ?* (50).

Le bijou, les...	Un sou (46), dix...
Un caillou, des...	Ce trou (46), ces...
Un chou, des...	Un animal (50), des...
Ce clou (46), ces...	Un amiral, trois...
Le cou (46), nos...	Le canal, les...
Un filou (46), trois...	Notre bocal, vos...
Ce fou (46), ces...	Ce cheval, ces...
Mon genou, mes...	Un caporal, deux...
Un hibou, des...	Le local, les...
Ton joujou, tes...	L'hôpital, les...
Un pou, deux...	Un journal, des...

Ce mal, ces... | Un général, des...
Un maréchal, deux... | Le tribunal, les...

56. Suite. (V. Gr., 50).

Observation. Les numéros entre parenthèses sont ceux des règles de la Grammaire.

Un cardinal, des... | Un bal (50 *Rem.*), des...
Le métal, les... | Le carnaval (50 *Rem.*), des.
Un arsenal, des... | Un régal (50 *Rem.*), des...
Le vice-amiral, les vice-... | Mes neveux (48), mon...
Un contre-amiral, des contre. | Nos joujoux (49), notre...
Les animaux, l'... | Les chapeaux (48), le...
Des chevaux, un... | Deux caveaux (48), un...
Trois journaux, un... | Les bras (47), ton...
Les maux, le... | Les tuyaux (48), le...
Deux bocaux, un... | Ses bureaux (48), ton...

57. Suite de la formation du pluriel. (V. Gr. , 51 à 57).

Combien y a-t-il de noms en ail *qui forment leur pluriel en* aux? (51). — *Qu'y a-t-il à dire des autres noms en* ail? (51). — ... *du mot* bétail? (52). — ... *des mots* aïeul, ciel, œil? (53). — ... *du mot* gens? (57).

Un bail (51), des... | Les... (57) d'esprit.
Le corail, les... | Le temps, les...
Un émail, des... | De l'ail (52), des...
Un soupirail, des... | Les aïeux, un...
Le vantail, les... | Les ciels, le...
Le vitrail, les... | Les cieux, le...
Un travail, des.,. | Ces travails, ce...
Le travail (51 *Rem.*), les...| Les bateaux, le...
Le bétail (52), des... | Nos parents, notre...
Mon aïeul (53-1°), mes... | Les yeux, l'...
Mon aïeul (53-2°), nos... | Les œils, l'...
Le ciel (54-1°), les... | Des soupiraux, un...
Ce ciel (54-2°), ces... | Des gouvernails (46), un...
Un œil (55-1°), des... | Un éventail (46), des...
L'œil (55-2°), les... | Un portail (46), deux...
Un diamant (56), des... | Des baux (51), un...
Le couvent (56), les... | Ces travaux (51), ce...
La jument (46), les... | Un camail (46), des...

58. Récapitulation des exercices précédents.

(Les numéros placés entre parenthèses sont ceux des règles qu'il faut voir dans la Grammaire).

Le marchand (46), les...

La salade (46), les...

Un cerceau (48), des...

Ce caillou (49), ces...

L'ennemi (46), les...

L'épouvante (46), les...

Nos troupeaux (48), le...

Les avis (47), l'...

Mes tapis (47), mon...

Le neveu (48), les...

Le chameau (48), les...

Le hibou (49), ces...

Du chou (49), des...

Les difficultés (46), la...

Le déjeuner (46), les...

Un sou (46), deux...

Un trou (46), quatre...

Une règle (46), des...

Les histoires (46), l'...

Un conseil (46), des...

Le tonneau (48), les...

Les voix (47), la...

Deux perdrix (47), une...

Des nez (47), un...

Des mois (47), un...

Les rois (46), le...

Le carnaval (50), des...

L'hôpital (50), les...

Le signal (50), les...

Un bal (50 *Rem.*), deux...

Les travaux (50), un...

Un bercail (46), des...

Un bail (51), des...

Les oiseaux (48), l'...

Les mouches (46), une...

Un violon (46), des...

Des vitraux (51), un...

Des manteaux (48), un...

Les bestiaux (52), le...

Des aulx (52), de l'...

Les ciels (54), le...

Le moment (56), les...

L'œil (55), les...

Les aïeux (53-2°), un...

Observation. Le maître doit revenir souvent sur les exercices d'orthographe qui précèdent, principalement sur ceux qui présentent le plus de difficultés. Tantôt il fait écrire des mots *singuliers* pour en exiger le *pluriel*, tantôt des mots *pluriels* dont les élèves auront à donner le *singulier*. Il est bon de leur dicter aussi le numéro de la règle qu'ils doivent consulter dans leur grammaire.

SUITE DES EXERCICES D'ANALYSE.

59. DU NOM PROPRE. — (V. Gr., 58, 59).

Combien y a-t-il de sortes de noms? (58). — *Qu'est-ce que le nom propre?* (59).

Procédé : L'élève analysera, de vive voix, les noms des deux genres et des deux nombres, et ne soulignera, sur son cahier, que les noms *propres.* L'élève se nommera ainsi que ses condisciples, et dira si leurs noms et leurs prénoms ne sont pas des noms propres, des noms qui leur sont particuliers, qui sont leur *propriété* individuelle.

L'élève ne doit rien faire au hasard : il faut toujours que les exemples cités ou demandés portent sur des objets qui le forcent à reconnaître la vérité de ce qu'on lui enseigne.

Hippocrate, qui est regardé comme le père de la médecine, naquit dans l'île de Cos (en Grèce). — Il reçut de son père Héraclide les éléments des sciences qui ont illustré son nom. Les médecins le regarderont toujours comme le plus habile de leurs législateurs.

Périclès naquit à Athènes, ville de la Grèce.

Après la mort d'Aristide et l'exil de Thémistocle, Cimon prit les rênes du gouvernement d'Athènes ; mais, souvent occupé d'expéditions lointaines, il laissait la confiance des Athéniens flotter entre plusieurs concurrents incapables de la fixer. On vit alors Périclès se retirer de la société, renoncer aux plaisirs, attirer l'attention de la multitude par une démarche lente, un maintien décent, un extérieur modeste et des mœurs irréprochables. Il parut enfin à la tribune, et ses premiers essais étonnèrent les Athéniens : il devait à la nature d'être le plus éloquent des hommes, et au travail d'être le premier des orateurs de la Grèce. (*Quinze noms propres*). (*Barthélemy.* Voyage d'Anacharsis).

60. Suite des noms propres. — (V. Gr., 58, 59.)

Qu'entend-on par nom propre? (59). — Ces noms commencent-ils par une majuscule ou par une minuscule? (25).

Homère est le plus grand poète de l'antiquité.

Je monte avec lui dans les cieux, dit Anacharsis : je reconnais Vénus (1) tout entière à cette ceinture d'où s'échappent sans cesse les désirs impatients, les grâces séduisantes, et les charmes inexprimables du langage et des jeux ; je reconnais Pallas (2) et ses fureurs à cette égide où sont suspendues la Terreur, la Discorde, la Violence (3), et

---

(1) *Vénus*, déesse de la beauté. — (2) *Pallas*, déesse de la guerre. — (3) La *Terreur*, la *Discorde*, la *Violence* : ces trois noms représentent ici des objets personnifiés, c'est-à-dire considérés comme des êtres animés, d'après les poètes de l'antiquité. Elles étaient représentées sous des figures de femmes.

la tête épouvantable de l'horrible Gorgone (Méduse (1)) :
Jupiter et Neptune (2) sont les plus puissants des dieux;
mais il faut à Neptune un trident pour secouer la terre; à
Jupiter un clin-d'œil pour ébranler l'Olympe (3). Je des-
cends sur la terre : Achille, Ajax et Diomède sont les plus
redoutables des Grecs; mais Diomède se retire à l'aspect
de l'armée troyenne; Ajax ne cède qu'après l'avoir repous-
sée plusieurs fois; Achille se montre, et tout disparaît.
(*Vingt-un noms propres*). (*Barthélemy*. Voyage d'Anacharsis).

61. DU NOM COMMUN. — (V. Gr., 60).

Qu'entendez-vous par nom commun ? (60).

Procédé : L'élève analysera, de vive voix, les *noms propres* et les
noms communs de tout genre et de tout nombre, mais il ne soulignera, sur son cahier, que les noms *communs*.

Socrate et Caton (4).

Osons opposer Socrate même à Caton : l'un était plus
philosophe, et l'autre plus citoyen. Athènes était déjà perdue, et Socrate n'avait plus de patrie que le monde en-
tier : Caton porta toujours la sienne au fond de son cœur;
il ne vivait que pour elle; il ne put lui survivre. La vertu
de Socrate est celle du plus sage des hommes; mais, entre
César et Pompée (5), Caton semble un Dieu parmi les
mortels. L'un instruit quelques particuliers, et meurt
pour la liberté; l'autre défend l'État, la liberté, les lois,
contre les conquérants du monde, et quitte enfin la terre,
quand il n'y avait plus de patrie à servir. Un digne élève
de Socrate serait le plus vertueux de ses contemporains;
un digne émule de Caton en serait le plus grand. La vertu
du premier ferait son bonheur : le second chercherait son
bonheur dans celui de tous. Nous serions instruits par l'un

(1) *Méduse :* les poètes disent qu'elle avait la vertu de transfor-
mer en pierre tous ceux qui la regardaient. — (2) *Jupiter*, selon la
Fable, était le dieu ou le roi du Ciel, et *Neptune*, le dieu des mers.
— (3 L'*Olympe*, montagne de la Grèce où se tenait Jupiter. —
(4) *Socrate* était un philosophe grec, et *Caton*, un sage de la ville de
Rome. — (5) *César* et *Pompée* étaient deux grands guerriers romains.

et conduits par l'autre, et cela seul déciderait de la préférence : car on n'a jamais fait un peuple de sages, mais il n'est pas impossible de rendre un peuple heureux. (*J.-J. Rousseau.* — Discours sur l'économie politique).

62. Suite du nom commun (V. Gr., 60.)

Qu'est-ce que le nom commun *?* (60).

Jacques Amyot.

Jacques Amyot, fils d'un cordonnier de Melun, étant sorti fort jeune de la maison de son père, s'égara, et tomba malade en chemin. Un gentilhomme, qui le vit étendu dans un champ, en eut pitié, et le mit en croupe derrière lui ; il l'emmena à Orléans, où il le mit à l'hôpital. Comme sa maladie ne venait que de lassitude, il fut bientôt guéri. On le congédia, et on lui donna douze sous. Ce fut en reconnaissance de cette charité, qu'étant devenu grand aumônier de France et évêque d'Auxerre, il légua douze cents écus à cet hôpital d'Orléans.

Il y a bien peu d'hommes qui conservent dans l'opulence et l'élévation une âme assez ferme pour ne pas chercher à faire oublier eux-mêmes l'état où ils sont nés.

(Morale en action).

Observation. Dans le cas où les exercices qui précèdent ne suffiraient pas pour rassurer le maître sur la connaissance parfaite des *noms*, du *genre* et du *nombre*, il pourra, pour ceux de ses élèves qui hésiteraient encore, faire analyser les noms qui se trouvent dans les exercices orthographiques (n°ˢ 48 à 58).

63. DU NOM COLLECTIF. — (V. Gr., 61 à 64.)

Qu'est-ce qu'un nom collectif *?* (61). *—Qu'entend-on par* collectif général *?* (63). *— ... par* collectif *partitif?* (64).

Procédé : L'élève ne soulignera, sur son cahier, que les noms collectifs.

La totalité des étoiles est innombrable. Une multitude de petits oiseaux. L'armée française est connue de tous les peuples. Une troupe de gens affamés. Les hirondelles s'en vont par centaines. Cette prairie est parsemée d'une grande quantité de fleurs de différentes couleurs. Il faut éviter la foule, quand on veut réfléchir. Les paresseux forment la majorité des écoliers. Un peuple n'est pas toujours sage, non plus qu'un homme. Une ville, un bourg, sont des noms collectifs, lorsqu'on a en vue la réunion, la collection des maisons qui les forment. Il en est ainsi d'une forêt par rapport aux arbres et aux arbrisseaux qui la composent. Nos troupes ont vu des nuées de sauterelles dans l'Algérie. On y trouve aussi bon nombre de lions.

64. DU NOM COMPOSÉ. — (V. Gr., 65.)

Qu'entendez-vous par nom composé ? (65).

Observation. Les noms composés qui se trouvent ici, sont donnés plutôt comme exemples que comme exercices, parce que les commençants n'en comprendraient pas bien l'orthographe. Il en sera question à la syntaxe.

Un casse-cou est un lieu où l'on risque de se casser le cou. On nomme chauve-souris, un oiseau de nuit qui ressemble à une souris, et qui a des ailes sans plumes. On dit un chef-d'œuvre, pour désigner un ouvrage parfait en son genre. Vous connaissez bien la plante appelée chou-fleur, vous en avez sans doute mangé. On entend par coupe-gorge un lieu écarté, obscur et désert, où l'on court risque d'avoir la gorge coupée.

La meilleure eau-de-vie est celle de Cognac, dans le département de la Charente. Un gagne-pain est un outil, un instrument avec lequel on gagne son pain. Un passe-port s'entend d'un papier portant le nom et le signalement d'une personne qui est autorisée à passer le port, c'est-à-dire à voyager hors de son pays, hors du lieu de son habitation. Il y a une plante qu'on appelle perce-neige, parce qu'elle pousse et fleurit même au travers de la neige. On appelle plaint-chant, le chant, la musique ordinaire de l'Église. Un porte-drapeau se dit d'un militaire qui, dans une compagnie, dans un bataillon, est chargé de porter le drapeau. « Depuis le déluge, l'arc-en-ciel a été un signe de la clémence de Dieu, a dit Bossuet. »

(Il y a un très grand nombre d'autres noms composés, que l'usage fera connaître).

CHAPITRE III. — MOTS VARIABLES. (V. Gr., 31).

DE L'ARTICLE. — (V. Gr., 66 à 76).

65. *Article simple.* — (V. Gr., 66 à 72.)

Qu'est-ce que l'article? (66). — A quoi sert l'article? (67). — Où se place-t-il? (68). — Combien y a-t-il de sortes d'articles? (69). — Qu'est-ce que l'article simple? — Combien de mots pour tel article? — Pourquoi l'appelle-t-on article simple? (70).

Procédé : L'élève analysera les noms de toute espèce, des deux genres et des deux nombres, ainsi que l'*article simple*, mais il ne soulignera que l'*article simple*, sur son cahier.

On dirait aux murmures des impatients mortels, que Dieu leur doit la récompense avant le mérite, et qu'il est obligé de payer leur vertu d'avance. (*J.-J. Rousseau*).

Où est l'homme, où est le sage qui sait agir, souffrir et mourir sans faiblesse, sans ostentation? Quand Platon peint son juste imaginaire couvert de tout l'opprobre du crime, et digne de tous les prix de la vertu, il peint trait pour trait Jésus-Christ; la ressemblance est si frappante, que tous les Pères l'ont sentie, et qu'il n'est pas possible de s'y tromper. Quels préjugés, quel aveuglement ne faut-il point avoir pour oser comparer le fils de Sophronisme au fils de Marie. (*J.-J. Rousseau*).

66. Suite de l'article simple. — (V. Gr., 66 à 72.)

Qu'est-ce que l'élision dans l'article simple? (71).
Dans quel cas l'élision n'a-t-elle pas lieu? (72).

Observation. Quand l'élève rencontre un article élidé (*V. Gr.*, nº 71), il doit dire quelle voyelle a été remplacée par l'apostrophe : *l'enfant* pour *le enfant*.

L'activité est aussi nécessaire au bonheur que l'agitation lui est contraire. (*De Lewis*).

Les actions sont plus sincères que les paroles.

(*Mlle de Scudéri*).

Un bienfait reçu et la plus sacrée de toutes les dettes.

(*Mme Necker*).

Les peuples qui vivent de végétaux sont, de tous les hommes, les moins exposés aux maladies et aux passions.

(*Bernardin de Saint-Pierre*).

La douce éloquence de Nestor et l'autorité du grand Philoctète ne pouvaient modérer ce cœur farouche.

(*Fénélon.*)

Il ne croit pas l'exactitude des règles de l'Évangile compatible avec les maximes du gouvernement et avec l'intérêt de l'État. (*Massillon*).

67. Suite de l'article. — (V. Gr., 66 à 76.)

Article composé ou contracté. (V. Gr., 73 à 76.)

Qu'est-ce que l'article composé ou contracté? (73). — Où la contraction n'a-t-elle pas lieu? (74).

Procédé : L'élève analysera, de vive voix, tous les noms et tous les articles, mais il ne soulignera que les articles contractés, sur son cahier. Quand l'élève commence à bien souligner une partie du discours, le maître l'invite à étudier la suivante dans sa Grammaire, afin qu'il en puisse donner une explication exacte lorsqu'il y sera rendu pour l'analyse.

Comme le soleil chasse les ténèbres, ainsi la science chasse l'erreur. (*Académie*).

Rien ne doit être si sacré aux hommes que les lois destinées à les rendre bons, sages et heureux. (*Fénélon*).

En s'approchant des plus grands hommes, on s'étonne de les trouver si petits. (*Boiste*).

Le matin de la vie est comme le matin du jour, plein de pureté, d'images et d'harmonie. (*Châteaubriand*).

Le pied du cerf est mieux fait que celui de la biche.

(*Buffon*).

L'amour-propre est plus habile que le plus habile homme du monde. (*La Rochefoucauld*).

La pire des bêtes est le tyran parmi les animaux sauvages ; et, parmi les animaux domestiques, c'est le flatteur.

(*Marmontel*).

68. Suite de l'article. — (V. Gr., 66 à 76.)

Récapitulation de ce qui précède.

Comment justifiez-vous la contraction? (75). — Que dites-vous de la contraction devant les noms pluriels? (76).

Procédé : L'élève analysera, de vive voix, tous les noms et les articles, et il soulignera seulement, sur son cahier, les mots appelés *articles.* Il devra, de vive voix, distinguer l'article *simple,* l'article *élidé* et l'article *contracté.*

Il suffit que le mensonge soit mensonge pour ne pas être digne d'un homme qui parle en présence des Dieux, et qui doit tout à la vérité : celui qui blesse la vérité offense les Dieux, et se blesse lui-même, car il parle contre sa conscience. (*Fénélon*).

Élégante à la fois et simple dans son style,
La ferme est aux jardins ce qu'aux vers est l'idylle.
Ah! par les dieux des champs, que le luxe effronté
De ce modeste lieu soit toujours rejeté. (*Delille*).

La fraude, la violence, le parjure, les procès, les guerres, ne font jamais entendre leur voix cruelle et empestée dans ce pays chéri des Dieux. (*Fénélon*).

Le cœur, l'esprit, les mœurs, tout gagne à la culture.

(*Voltaire*).

69. Suite de l'article. — (**V. Gr., 66 à 76**)

Combien y a-t-il de mots appelés articles ? (66).

Après la prière et le sacrifice, on lisait au roi, dans les saints livres, les actions et les conseils des grands hommes, afin qu'il gouvernât son État par leurs maximes. (*Bossuet*).

Quel carnage de toutes parts!
On égorge à la fois les enfants, les vieillards,
Et la sœur et le frère,
Et la fille et la mère,
Le fils dans les bras de son père.
Que de corps entassés! Que de membres épars!

(*Racine*).

La plus noble conquête que l'homme ait jamais faite, est celle de ce fier et fougueux animal (*le cheval*), qui partage avec lui les fatigues de la guerre et la gloire des combats. (*Buffon*).

70. DES ARTICLES PARTITIFS. (V. Gr., 77.)

Qu'entend-on par articles partitifs? — Comment les distingue-t-on des autres articles? (77).

Procédé : L'élève soulignera les articles *partitifs* seulement, et analysera, de vive voix, tout ce qu'il sait jusque-là.

Vous obtiendrez des succès dans vos études, si vous avez du courage, de la docilité et de la persévérance.

Il y a bien des enfants qui aiment les livres et l'étude.

La plupart des éloges ne sont que des flatteries intéressées.

On trouve une grande jouissance à faire du bien aux ingrats et aux méchants.

L'aveu franc des fautes qu'on a faites commande le pardon.

Des enfants instruits sont l'ornement de la famille.

Vous trouverez toujours du plaisir dans l'accomplissement des devoirs qui vous sont imposés.

Votre frère trouvait de l'ennui à ne rien faire, et demandait des devoirs à son maître.

L'orgueil est une des images de la faiblesse d'esprit.

71. Suite des articles partitifs (V. Gr., 77.)

Quelle différence y a-t-il entre l'article contracté *et l'article* partitif? (77).

Tous les hommes sont égaux devant Dieu, et à l'entrée du cimetière.

Tous les livres ne donnent pas des leçons salutaires.

La terre est une bonne mère qui donne à ceux de ses enfants qui veulent la cultiver, des fleurs, des fruits, des trésors en abondance.

Il y a du courage et de la vertu à résister à la tentation du mensonge.

On a acheté au marché du beurre, du fromage, des radis, du poisson, de la viande, de la salade, des noix, des cerises et des fraises.

L'ambition des richesses cause toujours des tourments, et fait vieillir avant le temps.

Les trésors de l'avare sont comme des terres sans culture : ils ne produisent que des épines et des chardons.

72. EXERCICES D'ORTHOGRAPHE A DICTER.

Procédé : Le maître enlève le livre à chacun des élèves, et leur dicte les mots suivants, qui sont très simples, et appropriés aux premières dictées. L'élève aura pu voir ces mots d'avance sur le livre, mais il n'en aura pas moins de mérite, puisqu'il se sera préparé tout seul à bien faire. Il faut d'ailleurs laisser à l'enfant l'occasion de s'applaudir d'avoir bien fait son devoir : c'est le plus sûr encouragement. — On pourra encore se servir de ces petites dictées pour l'analyse des *noms* et de l'*article*.

Le roi, le livre, le café. (1)
La salade, la parade.
Les rois, les livres, les salades (46).
La table, le sabre, la poule.
Le vice, la vertu, le tigre.
A la poule, aux tables (46).
Des vices, des vertus.
Un cheval, un mur, la plume.

Des murs, le courage, une étoile.
Les murs, aux plumes, la lune.
Une perle, des perles, le calme.
Une lame de canif, les murs.
La porte, les dames, la loi.
Un nuage, une image.

73. Suite des mots à écrire sous la dictée.

Un épi, un oncle, une cravate.
Les épis, des oncles, un ongle.
Le pantalon, le salon, le sofa.
La carafe, le colonel, les cravates, des carafes, au jour.
Aux arbres, des urnes, une arme.

Les armes, la boule, les moutons.
Au canapé, du melon, le moulin.
A la voiture, des carpes, le talon.
Un tambour, les jours.

74. Suite des mots à écrire sous la dictée.

La bonté, la facilité, la vérité, le traité, le dé, les dés,
La fidélité, la rareté, la docilité, la charité, aux traités, des bontés.
Le père, la mère, les frères, la bergère, le modèle, la colère.
Aux pères, des mères, le frère, des bergères, les modèles.
    La fête, à la tête, une guêpe, des guêpes, la quête. Le trône, de la pâte, aux apôtres, les côtes, du dôme, aux pôles, le plâtre, les âmes du purgatoire.

---

(1) Avertissez dès à présent l'élève qu'il faut une lettre majuscule au premier mot de ce qu'on écrit, ainsi qu'au premier mot qui vient après un point. (*V. Gr.*, n° 25).

75. Suite des mots à écrire sous la dictée.

Observation. On fera observer aux élèves que les mots suivants sont terminés, au singulier, par la lettre *r*, qui rend fermé l'*e* qui la précède. (*V. Gr.*, 28).

Le rocher, le boucher, au clocher, du berger, le boulanger, du dîner, au souper, le potager, du cocher.

Les rochers, aux bouchers, des clochers, les bergers, des boulangers, les dîners, des soupers, aux potagers, les cochers.

Un soulier, le métier, du fripier, au cloutier, le savetier, du chapelier, au muletier, un mercier, du coutelier, le charpentier, au voilier, du meunier, un encrier; les souliers, des métiers, aux fripiers, les cloutiers, aux savetiers, des chapeliers, les muletiers, des merciers, aux couteliers, les charpentiers, des voiliers, aux meuniers, les encriers.

76. Suite des mots à écrire sous la dictée.

(Faire observer aux élèves que la lettre *s*, placée entre deux voyelles (n° 5), se prononce comme *z*). — *Écrivez avec la terminaison in* : (1)

Le raisin, le voisin, le vin, du sapin, la fin, du cousin, le matin, du jasmin, au jardin, le gamin, du chagrin, un brin, du crin.

Les vins, aux jardins, des cousins, des raisins, les voisins, aux chagrins, les matins, des gamins, aux crins, aux jasmins.

La mise, la remise, ta chemise, ma voisine, sa cousine. Le jardinier, du menuisier, le chemisier, du chaisier. La maison, de la raison, une toison, la saison. Les chemises, aux maisons, des raisons, les remises, les cousines, aux jardiniers, des chaisiers.

77. Suite des mots à écrire sous la dictée.

Écrivez avec la terminaison ain :

_____

(1) Pour faciliter l'orthographe de ces mots, il est essentiel d'attirer dès à présent l'attention des enfants sur les mots *dérivés*. Tous les enfants peuvent comprendre que *raisin*, par exemple, doit se termi-

Un Africain, un Américain, le bain, du dédain, le lende-
main, un écrivain, du gain, du grain, le prochain, au le-
vain pour le pain, dans le lointain, la main, du nain, au
parrain (1), du plantain, un quatrain, le refrain, du Ro-
main, le sacristain, au souterrain, au terrain, le train, du
vilain.

Les souverains, aux écrivains, des Africains, aux Amé-
ricains, les bains, des Romains, aux levains, des pains, les
sacristains, les grains, aux parrains, des nains.

78. Suite des mots à dicter.

(Avant les lettres *b*, *m*, *p*, on met *m* au lieu de *n*. Il y a quelques
mot exceptés; on le verra plus loin).

Ce bambin, la bombe, un lambin, la bamboche, le bam-
bocheur, le comble, la jambe, les membres, aux chambres,
la tombe, le tombeau. Une colombe, le tambour, des ombres. Emmener, emmancher.

La campagne, le vin de la Champagne, le compagnon,
la compagne. Les lampes, des rampes, aux pampres, le
lampion, aux champignons; la tempête, les temples, la
tempe, les empires, des emplâtres, aux campagnes. Des
bambins, aux jambes, les colombes, aux ombres.

79. Suite. EMPLOI DE L'APOSTROPHE. — (V. Gr., 15).

(Demandez à l'élève quelle voyelle est remplacée par l'apostrophe).

L'amour du père, de la mère, des enfants. L'armoire,
l'ombre des montagnes. L'ardeur, l'ambassadeur. L'auteur, la hauteur du clocher. L'amateur, le rémouleur, aux

---

ner par *in*, à cause du dérivé *raisiné ; voisin*, à cause de *voisine*,
gamin, à cause de *gamine*, gaminer, etc., etc. — Cette observation
étant commune aux exercices qui suivent, le maître doit sans cesse
éveiller l'attention des enfants sur ce point très important.

(1) Quant à ce mot *parrain*, songez au féminin *marraine*, pour
justifier la terminaison. De même *bain*, rappelle *baigner*, *train*,
trainer, etc. Sans doute quelques mots tels que *pain*, *terrain*, ne se
justifient pas par la dérivation française, il faudrait avoir recours au
latin (*panis, terra*); mais cela ne doit pas empêcher d'expliquer ce
qui peut être expliqué.

trompeurs. L'empereur, de la vapeur, des fleurs. Le laboureur. L'amadou. L'amidon. Le cochon, les rognons, du grognon. L'aveu, le feu, du jeu, le neveu. Des amours, les armoires, des ombres, la montagne. Les ardeurs, aux ambassadeurs. Des auteurs, aux amateurs, les rémouleurs. Aux empereurs, les vapeurs du Champagne. Les laboureurs des seigneurs. Les aveux (48), des jeux, aux neveux, les feux.

80. Suite des mots à écrire sous la dictée.

OBSERVATION. *Les noms terminés par* au *prennent presque tous la lettre* e *avant* au : *il n'y a que les dix-sept suivants qui se terminent par* au *sans* e *muet, les voici :*

Aloyau, bacaliau (*morue sèche*), boyau, cornuau (*poisson*), étau, fabliau (*ancien conte en vers*), gluau, gruau, hoyau (*instrument de laboureur*), huyau (*coucou*), joyau, noyau, pilau (*riz cuit avec du beurre ou de la graisse*), préau, sarrau (*souquenille, vêtement de grosse toile*), tuyau, unau (*espèce de mammifère*).

Il y a environ deux cent cinquante *noms terminés par* eau ; *en voici quelques-uns :*

L'agneau, l'arbrisseau, au bateau, le bureau, le caveau, du corbeau, le cadeau, le chameau, du ciseau, au couteau, l'écriteau, l'étourneau, le flambeau, au fuseau, du gâteau, le hameau, un jumeau, du lambeau, au manteau, le marteau, un morceau, du museau, le naseau, l'oiseau, le passereau, un perdreau, du poireau, au rideau, du râteau, le ruisseau, du sureau, le taureau, un tréteau, du troupeau, un vaisseau, le veau, au vermisseau.

81. Suite. — Pluriel — (V. Gr., 48).

Des aloyaux, aux boyaux, les étaux du forgeron, les fabliaux des conteurs, Les gluaux pour les oiseaux: les (8, 2°) hoyaux du vigneron ; aux joyaux des dames ; les noyaux des prunes ; les préaux des écoliers ; aux tuyaux des pompes.

Les agneaux, aux arbrisseaux, des bateaux, aux bureaux. Les cadeaux, aux caveaux, aux chameaux, les ciseaux, des corbeaux. Aux écriteaux, les étourneaux, aux

flambeaux, des fuseaux. Des gâteaux, des (8, 2°) hameaux, les jumeaux, les lambeaux, des manteaux, aux
marteaux, des morceaux, les museaux des chiens. Aux naseaux, les oiseaux, aux passereaux, des perdreaux, les
poireaux, aux rideaux, des râteaux, les ruisseaux, des su-
réaux, aux taureaux, les troupeaux, des vaisseaux, les
veaux, les vermisseaux.

82. Suite des mots à écrire sous la dictée.

Plusieurs noms sont terminés par an ; *en voici quelques-uns :*

L'an, l'artisan, le bilan, un boucan, le brelan, du cabes-
tan. Le cadran, du carcan, un chambellan, le charlatan,
au chouan. Le courtisan, un cran, le divan, un écran, un
élan, l'encan, du faisan. Le fanfan, un forban, un (8, 2°)
hauban, la maman, le merlan, du milan, au musulman.
L'océan, l'ortolan, l'ouragan, un palan, un partisan, le
paysan, un pélican, du persan. Un plan *(projet)*, du ro-
man, au ruban, du safran, satan, au sultan, talisman, un
titan, au toscan, du turban, le tyran, un vétéran, le vol-
can.

83. Suite. — Pluriel. — (V. Gr., 46).

Tous les ans, les artisans, des bilans, des boucans, aux
brelans, les cabestans. Aux cadrans, des carcans, les cham-
bellans, des charlatans, aux chouans, les courtisans, des
divans, aux écrans. Les élans, des fanfans, aux faisans, des
forbans, les haubans du navire. Les mamans, les merlans,
des milans, aux musulmans, les ortolans, aux ouragans.
Des palans, les paysans, des pélicans, aux persans, des
plans, des romans. Les rubans, des sultans, les talismans,
les titans, aux toscans, les turbans, des tyrans, aux vété-
rans, les volcans.

84. Suite des mots à dicter. — (V. Gr., 46).

Quelques noms se terminent par ant, *comme :*

L'amant, le diamant, les diamants ; l'éléphant, l'enfant,
un fabricant, le galant, un gant, l'habitant, le méchant, le
pédant, le puissant, un savant.

Les amants, des éléphants, aux enfants, aux fabricants ,

les galants, des gants, les habitants, aux méchants, les pé-
dants, les puissants, des savants, etc.

85. **Suite des mots à dicter.** — (V. Gr., 46).

Plusieurs mots se terminent par ent :

L'abonnement, l'alignement, l'avancement, l'avertis-
sement, l'aveuglement, le changement. Le châtiment, le
compliment, l'emportement, le logement, le signalement,
le président, le transparent. Le moment, un monument,
le continent, l'insolent, le pénitent, le vent, le couvent, le
serpent, le vêtement, le testament, le parent.

Les abonnements, aux avertissements, des changements,
les châtiments. Des compliments, aux emportements, les
logements, aux signalements, des présidents. Les transpa-
rents, des moments, aux mouvements, des insolents, les pé-
nitents. Aux monuments, les couvents, des serpents, aux
vêtements, des testaments, les parents.

(Voir plus loin la suite des mots à dicter).

CHAPITRE IV. — MOTS VARIABLES. (V. Gr., 31).

DE L'ADJECTIF. — (V. Gr., 78 et suiv.)

Qu'est-ce que l'adjectif? — Expliquez-en des exemples. (78).
Combien y a-t-il de sortes d'adjectifs? (79).

86. **ADJECTIF QUALIFICATIF.** — (V. Gr., 78 à 84).

Qu'entend-on par adjectif qualificatif? (80). — *Dans quel cas le*
nom *doit-il être considéré comme* adjectif *qualificatif?* (81, 1°). —
Dans quel cas l'adjectif devient-il un nom? (82, 2°).

Procédé : L'élève analysera, de vive voix, les *noms*, les *articles* et
les adjectifs *qualificatifs*, mais il ne soulignera que ces derniers, sur
son cahier. — Quand l'élève rencontre des noms pris *adjective-
ment* (80), ou des adjectifs employés comme *noms* (81), le maître
doit y attirer son attention. (*V. Gr.*, n°ˢ 80 et 81).

L'enfant gâté.

Une dame d'esprit avait un fils qu'elle craignait si fort
de rendre malade en le contredisant, qu'il était devenu un
petit tyran, et entrait en fureur à la moindre résistance
que l'on osait faire à ses volontés les plus bizarres. Le mari

de cette dame, ses parents et ses amis, lui représentaient qu'elle perdait ce fils chéri : tout était inutile. Un jour qu'elle était dans sa chambre, elle entendit son fils qui pleurait dans la cour : il s'égratignait le visage de rage, parce qu'un domestique lui refusait ce qu'il voulait. « Vous êtes bien impertinent, dit-elle à ce valet, de ne pas donner à cet enfant ce qu'il demande; obéissez-lui à l'instant-même ». *(Sept adjectifs qualificatifs).*

87. —« Par ma foi, Madame, répondit le valet, il pourrait crier jusqu'à demain, qu'il ne l'aurait pas. » À ces mots, la dame devint furieuse, et prête à tomber en convulsions; elle court, et passant dans une salle où était son mari avec quelques-uns de ses amis, elle le prie de la suivre, et de mettre dehors l'impudent (81) qui ose lui résister. Le mari, qui était aussi faible pour sa femme, qu'elle l'était pour son fils, la suit, et la compagnie se met à la fenêtre pour voir ce dont il est question. « Insolent, dit-il au valet, comment avez-vous la hardiesse de désobéir à madame, en refusant à l'enfant ce qu'il vous demande ? — *(Quatre adjectifs qualificatifs).*

88. — «En vérité, Monsieur, répondit le valet, madame n'a qu'à le lui donner elle-même : il y a un quart d'heure qu'il a vu la lune dans un seau d'eau, et il veut que je la lui donne. » À ces paroles, la compagnie ne put retenir de grands éclats de rire; la dame elle-même, malgré sa colère, ne put s'empêcher de rire aussi, et fut si honteuse de cette scène, qu'elle se corrigea, et parvint à faire un aimable enfant de ce petit être maussade et volontaire.

Bien des mères auraient besoin d'une pareille aventure. *(Sept adjectifs qualificatifs).* (*Morale en action).*

89. Suite des adjectifs qualificatifs. — (V. Gr., 78 à 84).

Qu'entendez-vous par adjectif? (78).— *Combien y a-t-il de sortes d'adjectifs ?* (79). — *Qu'est-ce que l'adjectif* qualificatif? (80).

L'Écureuil.

L'écureuil est un joli petit animal qui n'est qu'à demi sauvage, et qui, par sa gentillesse, par sa docilité, par l'innocence de ses mœurs, mériterait d'être épargné. Sa nourriture ordinaire consiste en des fruits, des amandes, des noisettes, de la faine (1) et du gland (2) ; il est propre, leste, vif, très alerte, très éveillé, très industrieux ; il a les yeux pleins de feu, la physionomie fine, le corps nerveux, les membres très dispos ; sa jolie figure est encore rehaussée, parée par une belle queue en forme de panache, qu'il élève jusque par-dessus sa tête, et sous laquelle il se met à l'ombre. *(Seize adjectifs qualificatifs)*. (*Buffon*).

90. **Suite des adjectifs qualificatifs.** — (V. Gr., 78 à 84).

Dans quel cas le nom devient-il adjectif qualificatif ? (81-1°). — A quoi reconnaît-on que l'adjectif qualificatif est un nom ? (81-2°).

La chèvre.

La chèvre est vive, capricieuse, vagabonde. Ce n'est qu'avec peine qu'on la conduit et qu'on peut la réduire en troupeau : elle aime à s'écarter dans les solitudes, à grimper sur les lieux escarpés, à se placer, et même à dormir sur la pointe des rochers et sur le bord des précipices : elle est robuste, facile à nourrir ; presque toutes les herbes lui sont bonnes, et il y en a peu qui l'incommodent. Elle ne craint pas la trop grande chaleur ; elle dort au soleil, et s'expose volontiers à ses rayons les plus vifs sans en être incommodée, et sans que son ardeur lui cause ni étourdissement, ni vertiges : elle ne s'effraie point des orages, ne s'impatiente pas à la pluie, mais elle paraît sensible à la rigueur du froid. (*Buffon*).

91. **Suite des adjectifs qualificatifs.** — (V. Gr., 78 à 84).

Expliquez ce que vous entendez par adjectif qualificatif. (78 à 81).

Travail et industrie.

Quand j'avais dix-huit ans (je vous parle d'une époque bien éloignée), j'allais, durant la belle saison, passer la journée du dimanche à Versailles, ville qu'habitait ma mère. Pour m'y transporter, je venais, presque toujours à pied, rejoindre sur cette route une des petites voitures qui

(1) *Faine* fruit de l'arbre appelé hêtre. — (2) *Gland*, fruit du chêne.

en faisaient alors le service. En sortant de la barrière, j'é-
tais toujours sûr de trouver un grand pauvre (81) qui
criait d'une voix glapissante : « La charité, s'il vous plaît,
mon bon monsieur ! » De son côté, il était bien sûr d'entendre résonner dans son chapeau une grosse pièce de deux
sous.

92. Un jour que je payais mon tribut à Antoine (c'était
le nom de mon pensionnaire), il vint à passer un petit
monsieur poudré, sec, vif, et à qui Antoine adressa son
mémento (1) criard : « La charité, s'il vous plaît, mon
« bon monsieur ! » Le passant (81) s'arrêta, et, après avoir
considéré le pauvre (81) : « Vous me paraissez, lui dit-il,
« intelligent et capable de travailler ; pourquoi faire un si
« vil métier ? Je veux vous tirer de cette triste situation et
« vous donner dix mille livres (2) de rente. » Antoine se
mit à rire et moi aussi. « Riez tant que vous le voudrez,
reprit le monsieur poudré, mais suivez mes conseils, et
vous acquerrez ce que je vous promets.

93. « Je puis d'ailleurs vous prêcher d'exemple : j'ai
été aussi pauvre que vous ; mais, au lieu de mendier, je
me suis fait une hotte (3) avec un mauvais panier, et je
suis allé dans les villages et dans les villes de province demander, non pas des aumônes, mais de vieux chiffons
qu'on me donnait gratis (4) et que je revendais ensuite,
un bon prix, aux fabricants de papiers. Au bout d'un an,
je ne demandais plus pour rien les chiffons, mais je les
achetais, et j'avais en outre une charrette et un âne pour
faire mon petit commerce.

« Cinq ans après, je possédais trente mille francs, et
j'épousais la fille d'un fabricant de papier, qui m'associait
à sa maison de commerce peu achalandée, il faut le dire ;
mais j'étais jeune encore, j'étais actif, je savais travailler et
m'imposer des privations. A l'heure qu'il est, je possède
deux maisons à Paris, et j'ai cédé ma fabrique de papier à
mon fils, à qui j'ai enseigné de bonne heure le goût du

(1) *Memento*, mot latin qui signifie *souviens-toi*. — (2) *Livres*,
aujourd'hui on dit un *franc*, dix mille *francs*, au lieu de dix mille
livres. —
(3) *Hotte*, sorte de panier d'osier qu'un homme se met sur le dos
avec des bretelles. — (4) *Gratis*, mot latin qui signifie *pour rien*.

travail et le besoin de la persévérance. Faites comme moi, l'ami (81), et vous deviendrez riche comme moi. »

94. Là-dessus le vieux monsieur s'en alla, laissant Antoine tellement préoccupé, que deux dames passèrent sans entendre l'appel criard du mendiant (81) :« La charité, s'il vous plaît ! »

En 1815, pendant mon exil à Bruxelles (1), j'entrai un jour chez un libraire pour y faire emplette de quelques livres. Un gros et grand monsieur se promenait dans le magasin et donnait des ordres à cinq ou six commis. Nous nous regardâmes l'un l'autre comme des gens qui, sans pouvoir se reconnaître, se rappelaient cependant qu'ils s'étaient vus autrefois quelque part. « Monsieur, me dit à la fin le libraire, il y a vingt-cinq ans, n'alliez-vous pas souvent Versailles le dimanche ? — Quoi! Antoine, c'est vous ! m'écriai-je. — Monsieur, répliqua-t-il, vous le voyez, le vieux monsieur poudré avait raison ; il m'a donné dix mille livres de rente. » (*A.-V. Arnault*).

95. Suite des adjectifs qualificatis. — (V. Gr., 78 à 84).

Qu'est-ce que l'adjectif? — D'où vient ce mot? (78). — Qu'y a-t-il à dire de l'adjectif qualificatif? (80, 81).

L'Amitié.

Tendre amitié, délices des bons cœurs, c'est dans le ciel que tu pris naissance ; tu descendis sur la terre aux premiers chagrins des mortels (81). Tu vins les soutenir, les consoler, leur faire supporter la vie. Le Créateur (81), toujours attentif à soulager par un bienfait chacun des malheurs de la nature, t'oppose seule à toutes les peines des humains (81). Toi seule, donnée à l'homme, rendis la mesure de ses biens plus grande que celle de ses maux. Sans toi, jouets éternels du sort, nous passerions dans les pleurs les longs instants de cette courte vie.

96. Sans toi, frêles vaisseaux privés de gouvernails et de pilotes, toujours battus par les vents contraires, portés çà et là sur une mer semée d'écueils, nous péririons sans être

_____

(1) *Bruxelles* (prononcez *Brucelles*), ville capitale de la Belgique.

plaints, ou nous échapperions pour souffrir encore. Tu deviens le port tranquille où l'on se réfugie pendant l'orage, où l'on se félicite après le danger. Par toi les malheureux (81) oublient leurs peines ; les heureux (81) doublent leurs plaisirs. Bienfaitrice (81) de tous les hommes, tu leur donnes des jouissances que le remords et la crainte ne viennent point empoisonner. (*Florian*).

97. Suite des adjectifs qualificatifs. — (V. Gr., 78 à 84).

Observation. Afin de s'assurer si l'élève comprend bien ce que c'est que l'adjectif *qualificatif*, le maître devra exiger qu'il joigne plusieurs adjectifs à un même nom. En voici deux exemples pour modèles :

Le CHIEN, fidèle, caressant, dévoué, prompt à l'obéissance, empressé, inquiet, etc.

L'*enfant*, heureux, malin, joyeux, bon, méchant, studieux, paresseux, etc.

Joignez plusieurs adjectifs à chacun des noms qui suivent :

Un père — une mère — le cheval — le devoir. — L'habit — une voiture — le livre — le couteau — la tête — la figure — les mains — les yeux, etc.

EXERCICES D'ORTHOGRAPHE. — (V. Gr., 28).

98. ACCORD DE L'ADJECTIF AVEC LE NOM. — (V. Gr., 82 à 84).

Comment s'accorde l'adjectif qualificatif avec le nom? (82).

Procédé : Pendant que l'élève continue à faire, de vive voix et par écrit, ses exercices d'analyse, on l'exercera également sur l'orthographe des noms et des adjectifs. Ici, il fera accorder l'adjectif en genre et en nombre avec le nom. (V. Gr., 82 à 84).

L'enfant docile, les enfants...
Un chien fidèle, une chienne..
Cet homme aveugle, ces hommes...
Un élève sage, des élèves...
Un cheval (50) noir, des...
L'animal (50) méchant, des...
Le fruit mûr, des fruits...
Le général (50) habile, les...

Ma chambre haute, tes chambres...
La campagne fertile, les campagnes...
Un moment court, une heure...
Un écureuil joli, des écureuils...

Le chameau vilain, des chameaux...

Une personne honnête, des personnes...

Les devoirs faciles, un devoir...

Les choses utiles, la chose...

Les noms communs, le nom..

Des mots courts, un mot...

Les arbres fleuris, l'arbre...

Mes cahiers propres, mon cahier...

99. Suite de l'accord de l'adjectif. (V. Gr., 83).

Que devient l'adjectif qui se rapporte à plusieurs noms singuliers ? (83).

Le chat méchant, le chat et le tigre... Le poète savant, le poète et le philosophe... La terre ronde, la terre et la lune... La mère bienfaisante, la mère et la fille... Le cheval utile, le cheval et le bœuf... La servante laborieuse, la servante et la maîtresse... La peinture agréable, la peinture et la musique... Le père instruit, le père et le fils... L'armoire neuve, l'armoire et la commode... Le prunier fleuri, le prunier et le poirier...

100. Suite. — (V. Gr., 84).

Que devient l'adjectif qui se rapporte en même temps à deux noms de différents genres ? (84).

Le frère content, le frère et la sœur... Le citron mûr, le citron et l'orange... L'activité nécessaire, l'activité et le travail... Le fleuve profond, le fleuve et la rivière... La maison solide, la maison et le temple... Le cœur bon, l'âme et le cœur... Cet homme grand, cet homme et cette femme... L'habit bleu, l'habit et la robe... Ce repas (47) superbe, ce repas et cette fête... Un chat rusé, un chat et une chatte... Mon oncle malade, mon oncle et ma tante... Mon cousin riche, ton cousin et sa sœur...

Suite des exercices d'orthographe. — (V. Gr., 28).

101. *Formation du* féminin *dans les adjectifs.* (V. Gr., 85).

Comment forme-t-on le féminin dans les adjectifs? (85).

Un cheval haut, une jument...

Des chevaux gris, des juments...

L'enfant ingrat, la sœur...
Un chat méchant, la chatte...
L'enfant gourmand, la fille...
Le père bossu, la mère...
Le pied nu, la tête...
Le chapeau rond, la tête...
Le pied court, la jambe...
Les bras ronds, les jambes...

Les animaux pesants, les vaches...
Un homme voûté, une femme...
Un fils chéri, une fille...
Un couteau pointu, une aiguille...
Le canif cassé, la lame...
Un champ éloigné, une demeure..

102. *Formation du* féminin. — (V. Gr., 86).

Qu'y a-t-il à dire du féminin des adjectifs déjà terminés par un e muet au masculin? (86).

Un homme sensible, une femme...
Un livre utile, une leçon...
Un enfant timide, une fille...
Le pantalon propre, la robe...
Le champ aride, une terre...
Un objet admirable, une chose...
Un monument durable, une œuvre...
Le château superbe, une voiture...
Un bœuf énorme, une vache...

Un mari économe, une épouse...
Le banquier riche, une ville...
Un cœur noble, une âme...
Le ruisseau large, la table...
Le ton sévère, la figure...
L'air grave, une parole...
Un cahier sale, la main...
Le sommeil paisible, la nuit...
Le jour sombre, la couleur...
Le marchand avide, cette fermière...
Le fermier aveugle, la bergère...

(Le maître fera refaire cet exercice en exigeant que tous les mots soient au pluriel. — 46, 48).

103. *Suite de la formation du* féminin. — (V. Gr., 87).

Comment se forme le féminin des adjectifs en el *ou en* eil? (87).

Un compte annuel, une fête...
L'animal cruel, la louve...

Un mouvement habituel, une erreur...
Le cri naturel, la couleur...

Le travail manuel, l'occupation...

Un ennemi mortel, une douleur...

Un acte criminel, une action...

L'amour maternel, l'autorité...

Un soulier pareil, une cravate...

Un tein vermeil, une fleur...

Un vieil habit, une cravate...

Un pronom personnel, une injure...

Un besoin réel, une pauvreté...

Le souvenir éternel, la mémoire...

Dieu immortel, l'âme...

Un combat continuel, une lutte...

Le nouvel an, la... année.

L'ordre formel, la défense...

Le moment actuel, l'explication...

Le pouvoir paternel, la douceur...

(Le maître fera refaire cet exercice en exigeant tous les mots au pluriel).

104. Suite de la formation du féminin. — (V.Gr., 88, 89).

Comment forme-t-on le féminin dans les adjectifs en ien et en on ? (88). — ... dans les adjectifs en et? (89).

Un château ancien, une maison...

L'enfant chrétien, la fille...

Le frère musicien, la sœur...

Le général prussien, la loi...

Le sol italien, la mode...

Mon fils muet, ma fille...

Un enfant fluet, une personne...

Un devoir net, une copie...

Un homme coquet, une femme...

Un homme sujet, une femme...

Un pantalon violet, une cravate.

Un prêtre païen, une danse...

(Le maître fera refaire cet exercice au pluriel).

105. Suite de la formation du féminin.— (V.Gr., 90, 91).

Comment se forme le féminin des huit adjectifs complet, concret, etc. ; et des adjectifs en er ? (90, 91).

Un chargement complet, une charge...

Un nombre concret, une quantité...

Le fils discret.., la sœur.

Le devoir incomplet, la tâche...

Cet homme indiscret, cette femme...

Un esprit inquiet, une âme...

Un corps replet, une personne...

Le dernier soupir, la... heure.

Un vœu secret, une parole ..

Le temps régulier, la saison...

Un breuvage amer, une plante...

Un motif particulier, une occasion...

Un air fier, une démarche...

Le mari jardinier, la femme...

Le cerf léger, la chèvre...

Le pain cher, la viande...

L'oncle ouvrier, la tante...

Le premier prix, la... récompense.

(Le maître fera refaire cet exercice au pluriel).

106. Suite de la formation du féminin. — (V. Gr., 92 à 94).

Comment formez-vous le féminin des adjectifs gentil, nul, paysan, pâlot, vieillot ? (92). —... des adjectifs bigot, dévot, manchot? (93). —... des sept adjectifs bas, épais, exprès, gras, gros, las, profès? (94).

Un fils gentil, une fille...

Un marchand manchot, la sœur...

Un devoir nul, une règle...

Un voyageur paysan, une femme...

Le terrain bas, la terre......

Un teint pâlot, une figure...

Le nuage épais, la soupe...

Un sot orgueil, une... vanité.

L'ordre exprès, la recommandation...

Un homme vieillot, une femme...

Le veau gras, la poule...

Un gros arbre, une... pomme.

Le voisin bigot, la voisine...

Le père dévot, la mère...

Le laboureur las, la tailleuse..

Le fils profès, la sœur...

(Le maître fera refaire cet exercice au pluriel).

107. Suite de la formation du féminin.— (V. Gr., 95,96).

Qu'y a-t-il à dire sur le féminin des adjectifs beau, jumeau, nouveau, fou et mou ? (95). — ... des adjectifs en f? (96).

Un fils jumeau, une fille...

Une nouvelle fleur, un...ami.

Un beau cheval, une... jument.

La belle aurore, un... horizon.

Le fruit nouveau, la récolte...

Une folle ardeur, un.....amour.

L'oncle fou, la tante...

Le corps mou, la cire...

L'ouvrier actif, la sœur...

Une substance molle, un...
édredon.

Un ton bref, une parole...

Le laboureur craintif, sa
fille...

Un cheval rétif, une ju-
ment...

Un chapeau neuf, une toi-
lette...

Un enfant naïf, une grâce...

L'homme veuf, la mère...

Le livres instructifs, la leçon...

Un chant plaintif, une voix...

(Le maître fera refaire cet exercice au pluriel).

108. Suite de la formation du féminin.— (V. Gr., 97, 98).

*Comment forme-t-on le féminin des adjectifs terminés par x ? (97).
Quels adjectifs sont exceptés ? (98).*

L'homme ambitieux, la femme...

Le soldat audacieux, la foule.

Le frère boiteux, la sœur...

L'oncle curieux, la tante...

Un succès douteux, une réponse...

L'effet fâcheux, une chose...

Le roi généreux, la reine...

Le prince heureux, la princesse...

Le frère jaloux, la cousine...

Un événement malheureux,
une guerre...

L'ouvrier nécessiteux, l'ou-
vrière...

Le commis officieux, la servante...

Le fils paresseux, la fille...

L'enfant vertueux, une personne...

Le vin doux (98), la li-
queur...

Un rapport faux, une décla-
ration...

A un jour préfix, à une
heure...

Le visage roux, la cheve-
lure...

Un meuble vieux, une ar-
moire...

Un (*vieux* ou *vieil*) arbre,
un... habit.

(Le maître fera refaire cet exercice au pluriel).

109. Suite de la formation du féminin. — (V. Gr., 99, 100).

*Qu'y a-t-il à dire sur la formation du féminin des adjectifs en
eur ? (99). — Quelles sont les exceptions à cette règle ? (100).*

Un élève boudeur, la cou-
sine...

Le frère chanteur, la sœur...

Le père danseur, la mère...

Le valet flatteur, la servante...

Le maître grondeur, la maîtresse...

L'écolier menteur, la voisine...

Un artiste inventeur ; *fem.*
l'... *(nom).*

Le matelot pêcheur, sa femme...

Le créancier persécuteur, la
marchande...

Le marin parleur, sa sœur...

Le bouvier chasseur (100),
sa femme...

Le filou trompeur, l'apparence...

Le mari vendeur, la femme.

Diane (*déesse* en mythologie),
la...

Un célèbre chanteur, une habile... (*Rem.*)

Un son enchanteur, une musique...

L'oncle exécuteur (100), la
tante...

Tout homme est pécheur,
toute femme est...

Monsieur l'inspecteur, madame l'...

Le fils vengeur, la fille...

(L'élève refera cet exercice au pluriel).

110. Suite de la formation du féminin. — (V. Gr., 101, 102).

*Comment formez-vous le féminin des adjectifs en teur ? (101). —
Que dites-vous des adjectifs* débiteur, amateur ? — *... des adjectifs*
ambassadeur, garant, gouverneur, serviteur ? (102), — *... et des adjectifs en* érieur, *comme* antérieur, extérieur etc. ? (102).

Un rôle accusateur, une action...

Le maître protecteur, la maîtresse...

Le frère acteur, la sœur...

L'ennemi spoliateur, l'armée...

Le père appréciateur, la
mère...

Le frère est traducteur, la
sœur est...

Il est auditeur, elle est...

L'enfant calculateur, la fille.

Le ministre ambassadeur
(102), sa tante...

Le maître conducteur, la
maîtresse...

Je suis garant, elle est...

L'ange consolateur, une éloquence...

Le général gouverneur, la
dame...

Dieu créateur, une puis-
sance...

Le frère serviteur, la sœur...

Je suis votre débiteur, vous
êtes ma...

Un marchand débiteur, une
marchande...

Un homme délateur, une
femme...

Un débiteur de contes...
Une... de contes.

L'oncle examinateur, la tante.

Un amateur de livres...
Une dame... de musique.

L'homme supérieur, la femme...

L'acte antérieur, la règle...

Le mur intérieur, la partie...

Le fils majeur, la fille...

Un pain meilleur, une viande...

(L'élève refera cet exercice au pluriel).

111. Suite de la formation du féminin. — (V. Gr., 103, 104).

Que dites-vous du féminin des adjectifs qui se disent plutôt de l'homme que de la femme? (103). — ... de certains adjectifs tels que aigu, ambigu, etc? (104).

Un homme auteur, une femme...

Mon cousin est compositeur, ma sœur est...

Il est docteur, elle est...

Se frère est graveur, la sœur est...

Il est littérateur, elle est...

Un député orateur, une dame...

Un jeune homme poète, une dame...

Cet homme est professeur, cette dame est aussi...

Il fut l'agresseur, elle fut l'a.

Il est cabaleur, elle est...

Il est imposteur, elle est...

Il est successeur, elle est...

Un son aigu, une pointe...

Un langage ambigu, une expression...

Un mur contigu, une maison...

Un repas exigu, une somme.

(L'élève refera cet exercice en mettant tous les mots au pluriel).

112. Suite de la formation du féminin. — (V. Gr., 105 à 107).

Expliquez-vous sur l'irrégularité du féminin dans certains adjectels que blanc, frais, franc, etc. (105).

Un bas blanc, une robe...

Un œuf frais, la viande...

Un oiseau franc, une perruche...

Le langage franc (*ancien Français*), la langue...

Le linge sec, la morue...

Le sel ammoniac, gomme...

Homme caduc, femme...

Le père grec, la mère...

Le salut public, la santé...

Un soldat turc, une fille...

Un homme grognon, une femme...

Le chemin long, la route...

Un livre oblong, d'une forme.

Un remède bénin, une fièvre.

Enfant malin, une fille...

Un homme devin, une femme...

Ton frère est coi, elle resta.

Un homme favori, une dame.

Un tiers arbitre, une fièvre. | Un enfant hébreu, une grammaire...
Il est maître, elle est... |
Il est duc, elle sera... | Le culte hébraïque, la langue...
Un homme témoin, une femme... |

(L'élève refera cet exercice en mettant tous les mots au pluriel).

FORMATION DU PLURIEL DANS LES ADJECTIFS.

113. *Règle générale.* — (V. Gr., 108).

Comment forme-t-on le pluriel *dans les adjectifs ?* (108).

Le chat rusé, les chats... | Un poisson frit, des poissons...
Le chien adroit, les chiens... |
Un discours rusé, des paroles... (85) | Une carpe frite, des carpes.
| La viande salée, les viandes.
L'homme charitable, les hommes... | Un joli portrait, de... portraits.
Le devoir difficile, les devoirs... | Un grand arbre, de... arbres.
L'élève menteur, les élèves. | Le fils content, les parents...
La poire meilleure, les poires... | La sœur gourmande, les sœurs...
La dame supérieure, les dames... | L'enfant méchant, les enfants...
Un chapeau neuf, des chapeaux... | La mère pieuse, les mères...
Un soulier sali, des souliers... | La fille chérie, les filles...

(L'élève refera cet exercice en mettant un nom féminin à la place d'un nom masculin et réciproquement : *La chatte rusée, les chattes...*)

114. Suite de la formation du pluriel. — (V. Gr., 109).

Que dites-vous sur le pluriel des adjectifs déjà terminés par s ou x *au singulier ?* (109).

Un œuf frais, des œufs... | Un homme vertueux, des hommes...
Un bœuf gras, des bœufs... |
Le bras gros, les bras... | Le bavardage ennuyeux, les bavardages...
Le drap épais, les draps... |
Un enfant niais, des enfants. |

Le soldat courageux, les soldats...

Le laboureur heureux, les laboureurs...

L'ouvrier las, les ouvriers...

Un cheveu roux, des che-
veux...

Le chat gris, les chats...

Le mendiant malheureux, les
mendiants...

Un enfant jaloux, des en-
fants...

Le serpent dangereux, les
serpents...

Un faux rapport, de... rap-
ports.

Un navire français, des na-
vires...

L'emploi avantageux, les emplois...

L'amiral anglais, les ami-
raux...

Le vin doux, les vins...

(L'élève remplacera les noms *masculins* de cet exercice par des noms *féminins*, et fera accorder les adjectifs en *genre* et en *nombre*).

115. Suite de la formation du pluriel.—(V. Gr., 110 à 112).

Qu'y a-t-il à dire sur le pluriel des adjectifs bleu, feu *et* hébreu ? *—... sur* fou *et* mou ? (110). *— ... sur les adjectifs en* eau, *comme* beau, jumeau, nouveau ? (111). *— ... sur les adjectifs en* al? (112).

Un bas bleu, des bas...

Un cocher brutal, des co-
chers...

Une robe bleue, des robes...

Un chef hébreu, des chefs...

Un son musical, des sons...

Ce nouveau théâtre, les...
théâtres.

L'objet principal, les objets.

Le droit électoral, les droits.

Un enfant jumeau, des en-
fants...

Un adjectif numéral, des adjectifs...

Un beau jardin, de... jardins.

Un livre moral, des livres...

Un citron mou, des citrons.

Un devoir grammatical, des
devoirs...

Un jeune homme fou, des
jeunes gens...

Un service spécial, des services...

Un bel habit, des habits...

Un décret impérial, des dé-
crets...

Un mol édredon, des édre-
dons...

L'intérêt social, les intérêts.

(Faites changer les noms *masculins* en noms *féminins*, comme précédemment).

116. Suite de la formation du pluriel. —(V. Gr., 113 à 115).

Comment se forme le pluriel de certains adjectifs en al, *tels que* fatal, final, glacial, etc.? (113). — ... austral, boréal, etc.? (114).

—... labial, nasal, etc.? (114). — ... *certains autres tels que bé-*
néficial, canonial, etc.? (115).

Un accident fatal, des acci-
   dents...

Un soin filial, des soins...

Un son final, des sons...

Un vent glacial, des vents...

Un élève matinal, des élèves.

Un son nazal, des sons...

Un combat naval, des com-
   bats...

Un cierge pascal, des cierges..

Un effet théâtral, des effets.

Un repas frugal (114), des
   repas...

Un édifice colossal, des édi-
   fices...

Un ton doctoral, des tons...
   (112).

Un manteau ducal, des manteaux... (112).

Un être idéal, des êtres...
   (112).

Le muscle labial, les mus-
   cles... (112).

Un ouvrage médical, des ouvrages... (112).

Un plan diagonal, des plans
   ... (112).

Un point central, des points
   ... (112).

Un organe vocal (112), des
   organes...

Un nombre total (112), des
   nombres...

(Faites changer les noms *masculins* en noms *féminins*, comme ci-
dessus).

117. Suite de la formation du pluriel. = (V. Gr., 116).

Comment formez-vous le pluriel des adjectifs terminés par ant,
ou par ent*?* (116).

L'enfant imprudent, les enfants...

Un habit élégant, des habits.

Un domestique diligent, des
   domestiques...

Tout le devoir, ... les devoirs.

Le tigre méchant, les tigres.

L'élève indolent, les élèves.

Tout le monde, ... les hommes.

Le pouvoir dominant, les
   pouvoirs....

**118. DEGRÉS DE SIGNIFICATION DANS LES ADJECTIFS.—
   (V. Gr., 117 à 126).**

Combien y a-t-il de degrés de signification dans les adjectifs? (117).
— Qu'est-ce que le positif*?* (118). *Qu'est-ce que le* comparatif*?*
(119). *— Combien y a-t-il de sortes de comparatifs?* (119). *—
Qu'est-ce que le comparatif de* supériorité *?* (120). *— Qu'est-ce que
le comparatif* d'égalité, *et comment le forme-t-on?* (121). *—
Qu'entendez-vous par comparatif* d'infériorité, *et comment le forme-t-*

rous? (122). — *Quels adjectifs expriment seuls un comparatif?*
(123). — *Qu'est-ce que le superlatif?* (124). — *Combien y a-t-il de
sortes de superlatifs?* (125). — *Qu'entend-on par superlatif relatif?*
(126). — ... *par superlatif* absolu? (127).

Procédé : Le maître exigera de l'élève qu'il écrive, sur le tableau
et sur le cahier, des adjectifs aux trois degrés de signification indiqués dans la Grammaire nᵒˢ 117 à 126. Voici quelques exemples de
ce devoir :

POSITIF.	COMPARATIF.			SUPERLATIF.	
	d'infériorité.	*d'égalité.*	*de supériorité.*	*relatif.*	*absolu.*
Beau,	moins beau,	aussi beau,	plus beau,	le plus beau,	très beau.
Grand,	moins grand,	aussi grand,	plus gr.,	ton plus gr.,	bien gr.
Belle,	moins belle,	aussi belle,	plus belle,	ma plus bᵉˡˡᵉ,	fort belle.
Bon,	moins bon,	aussi bon,	meilleur,	le meilleur,	infinᵐᵗ bon.

(Pour s'exercer, l'élève trouvera de nombreux adjectifs dans les
exercices précédents).

119. Suite des adjectifs qualificatifs. —(V. Gr., 117 à 126).

Procédé : L'élève analysera, de vive voix, le *nom*, l'*article* et
l'*adjectif qualificatif*, en disant à quel degré de signification se trouve
l'*adjectif*. Dans le devoir par écrit, il mettra un trait sous le *positif*,
deux traits sous le COMPARATIF, et trois sous le SUPERLATIF.

Une lumière pure et douce se répand autour de ces
hommes justes, et les environne de ses rayons comme d'un
vêtement. Cette lumière n'est point semblable à la lumière
sombre qui éclaire les yeux des misérables mortels, et qui
n'est que ténèbres ; c'est plutôt une gloire céleste qu'une
lumière. (*Fénelon*).

Puisque tu es encore plus dur et plus injuste que ton
père, puisses-tu souffrir des maux encore plus longs et
plus cruels que les siens. (*Fénelon*).

Le naufrage et la mort sont moins funestes que les plaisirs qui attaquent la vertu. (*Fénelon*).

La gloire qu'on a donnée aux Égyptiens d'être les plus
reconnaissants de tous les hommes, fait voir aussi qu'ils
étaient les plus sociables. (*Bossuet*).

L'âne est, de son naturel, aussi humble, aussi patient,
aussi tranquille, que le cheval est fier, ardent, impétueux.
(*Buffon*).

120. Ses maîtres avaient empoisonné par la flatterie son
heureux naturel ; il était enivré de sa puissance et de son

bonheur ; il croyait que tout devait céder à ses désirs fougueux ; la moindre (126) résistance enflammait sa colère. (*Fénelon*).

Nos plus doux (126) mets étaient le lait de nos chèvres et de nos brebis, que nous avions soin de traire nous-mêmes, avec les fruits fraîchement cueillis de nos propres mains. Nos siéges étaient les gazons ; nos arbres touffus nous donnaient une ombre plus agréable que les lambris dorés des palais des rois. (*Fénelon*).

Le bien est plus ancien dans le monde que le mal. (*D'Aguesseau*).

Il est aussi dangereux pour un tyran de descendre du trône que d'en tomber. (*Barthélemy*).

Cette colonne est moindre que l'autre. Son mal n'est pas moindre que le vôtre. (*Académie*).

Il y a de mauvais exemples qui sont pires que les crimes. (*Montesquieu*).

La plus douce consolation de l'homme affligé, c'est la pensée de son innocence. (*Bossuet*).

121. Une vie sobre, modérée, exempte d'inquiétudes et de passions, réglée et laborieuse, retient dans les membres d'un homme sage la vive jeunesse, qui, sans ces précautions, est toujours prête à s'envoler sur les ailes du temps. (*Fénelon*).

Dieu, source unique de toute lumière et de toute intelligence, régit l'univers et les espèces entières avec une puissance infinie ; l'homme, qui n'a qu'un rayon de cette intelligence, n'a aussi qu'une puissance limitée à de petites portions de matière, et n'est maître (80) que des individus. (*Buffon*).

La guerre la plus heureuse est le plus grand fléau des peuples, et une guerre injuste est le plus grand crime des rois. (*Fénelon*).

La pire (126) des bêtes est le tyran, parmi les animaux sauvages ; et parmi les animaux domestiques, c'est le flatteur. (*Marmontel*).

Le plus absolu des monarques est celui qui est le plus aimé. (*Marmontel*).

Il s'est baigné dans l'endroit où les eaux sont le moins rapides. (*Lemare*).

« Le style de Fénélon est très riche, fort coulant, et in-
« finiment doux, mais il est quelquefois prolixe ; celui de
« Bossuet est extrêmement élevé, mais il est quelquefois
« dur et rude. »

(Lorsque, dans les exercices qui suivent, l'élève rencontrera des
adjectifs, il sera bon que le maître en demande le degré de qualifi-
cation, jusqu'à ce qu'il se soit assuré que l'élève comprend bien les
trois degrés. (117).

122. DES ADJECTIFS DÉTERMINATIFS. — (V. Gr., 128 à 139).

128 Qu'entend-on par adjectifs déterminatifs ? — En quoi l'adjectif déterminatif diffère-t-il de l'article ? — 129. Combien y a-t-il de
sortes d'adjectifs déterminatifs ? — 130. Qu'entendez-vous par adjectifs numéraux ? — 131. En combien de classes divise-t-on les adjectifs
numéraux ? — 132. Qu'est-ce que l'adjectif numéral cardinal ? —
133 ... l'adjectif numéral ordinal ? — 134. Qu'est-ce que l'adjectif
démonstratif ? — 135. Combien y a-t-il d'adjectifs démonstratifs ? —
136. Qu'est-ce que l'adjectif possessif ? — 137. Que remarquez-vous
sur mon, ton, son ? — 138. Qu'entend-on par adjectifs indéfinis ? —
139. Qu'y a-t-il à dire sur les mots autre, certain, nul, plusieurs ? —
2° ... sur un ? — 3° ... sur quelconque ?

Procédé : L'élève analysera, de vive voix, les mots qu'il sait jusqu'aux adjectifs déterminatifs compris, et ne soulignera que ces
derniers, dans le devoir sur cahier. De vive voix, il désignera l'espèce,
le genre et le nombre de chaque adjectif déterminatif.

L'homme vit quatre-vingts ans et le chien n'en vit que dix.
(Buffon).
Pour les honoraires qui m'étaient dus, et que je n'avais
pas demandés, on m'apporta chez moi douze cents francs.
(J.-J. Rousseau).
Une chose arrive aujourd'hui, et presque sous nos yeux ;
cent personnes qui l'ont vue la racontent en cent façons
différentes. (La Bruyère).
Si je faisais une religion, je mettrais l'intolérance au
rang des sept péchés mortels. (Voltaire).
Saint Louis partit à la tête de trois cent mille hommes.
(Velly).
La première irruption des Gaulois (en Italie) arriva sous
le règne de Tarquin, environ l'an du monde trois mille
quatre cent seize. (Vertot).
123. Le monarque se fortifia sous les murs de Dieppe,

4.

résolu d'y soutenir les premiers efforts de l'ennemi. (*Anquetil*).

Il y a trois choses qui rendent une âme éclairée : le recueillement, l'humilité et la charité. La première (*chose*) empêche les ténèbres, la seconde attire les lumières, la troisième les produit. (*Fléchier*).

Marius, à la tête de quatre-vingt-cinq cohortes, présenta la bataille à Sylla. (*Vertot*).

L'homme qui est trente ans à croître, vit quatre-vingt-dix ou cent ans. (*Buffon*).

Les Chrétiens tinrent cinq conciles dans le premier siècle, seize dans le second, et trente-six dans le troisième. (*Voltaire*).

Louis XI avait trente-huit ans quand il monta sur le trône. (*Anquetil*).

124. On fait sur ce sujet bien des récits bizarres. (*Andrieux*).

Pars, et d'un vol hardi parcours cet émisphère. (*Castel*).

Cette maladie a l'air d'être sérieuse. (*Académie*).

A ces heures de joie, à ces riants destins,
De vos jours nébuleux opposez les chagrins. (*Castel*).

Ce malheureux père, avec sa fille désolée, pleurait son épouse dans ce moment. (*Florian*).

Ces festons dans vos mains, et ces fleurs sur vos têtes,
Autrefois convenaient à nos pompeuses fêtes. (*Racine*).

Nous regardions tous deux cette reine cruelle,
Et d'une égale horreur nos cœurs étaient frappés. (*Rac.*).

125. Vous êtes trop occupé de votre fortune, et vous ne l'êtes pas assez de votre salut. (*Lévizac*).

La certitude de l'existence de Dieu est notre premier besoin. (*Voltaire*).

Les mots de morale et d'humanité sont sans cesse dans leurs bouches. (*Châteaubriand*).

Ma fille, votre modestie, les tendres soins que vous rendez à vos parents font souhaiter à toutes les mères de vous donner pour épouse à leurs fils. (*Marmontel*).

L'aigreur et l'opiniâtreté des femmes ne font qu'augmenter leurs maux et les mauvais procédés de leurs maris. (*J.-J. Rousseau*).

..... Il est bien dur pour un cœur magnanime

D'attendre des secours de ceux qu'on mésestime :

Leurs refus sont affreux, leurs bienfaits font rougir. (*Volt.*)

126. Aucun chemin de fleurs ne conduit à la gloire. (*La Fontaine*).

Aucun physicien ne doute aujourd'hui que la mer n'ait couvert une grande partie de la terre habitée. (*D'Alemb.*).

Nul homme n'a été exempt du péché originel. (*Trévoux*).

L'homme ne trouve nulle part son bonheur sur la terre. (*Lévizac*).

L'homme craint de se voir tel qu'il est, parce qu'il n'est pas tel qu'il devrait être. (*Fléchier*).

J'arriverai à telle époque; il me doit telle somme; ce tableau est de tel peintre; par telle ou telle raison. (*Acad.*).

Il n'y a pas de tels animaux. (*Académie*).

Chaque âge a ses façons et change de nature. (*Régnier*).

Chaque âge a ses plaisirs, chaque état a ses charmes ;

Le bien succède au mal, les ris suivent les larmes. (*Del.*).

127. Mon esprit généreux ne hait pas tant la vie. (*Corn.*).

. . . . Ma propre obéissance.

Va d'un roi redoutable affronter la présence. (*Rac.*).

Il faut de ses amis endurer quelque chose. (*Mol.*).

C'en est fait, mon heure est venue. (*Boileau*).

Telles femmes, pendant le règne de la terreur, avaient donné des preuves multipliées d'héroïsme, etc. (*Chât.*).

Quelque raison qu'on ait de se plaindre d'un serviteur, il est de l'humanité de le traiter avec bonté. (*B. de St P.*).

De mes larmes au Ciel j'offrais le sacrifice.

Mes chagrins dévorants déchirent son cœur...

Quel bras peut vous suspendre, innombrables étoiles. (*Racine fils*).

Deux points quelconques étant donnés,... (*Acad.*).

On peut exprimer à volonté des silences d'une durée quelconque. (*J.-J. Rousseau*).

128. Quelles mains l'ont planté? Quel sol fut sa patrie? (*Delille*).

Tout le monde se plaint de sa mémoire, et personne ne se plaint de son jugement. (*La Rochefoucault*).

Chaque climat a ses oiseaux bienfaiteurs. (*A. Martin*).

Plusieurs hommes valent mieux, et beaucoup plus valent moins qu'ils ne paraissent. (*Boiste*).

Toute la doctrine des mœurs tend uniquement à nous rendre heureux. (*Bossuet*).

      Mainte pistole se glissait
      Dans l'escarcelle de notre homme. (*La Font.*).

Nul bien sans mal, nul plaisir sans mélange. (*La Font.*).

Certaines gens ont une grossièreté qui leur tient lieu de philosophie. (*Boiste*).

Dans maint auteur de science profonde,
J'ai lu qu'on perd à trop courir le monde. (*Gresset*).

129. C'est le même soleil qui éclaire toutes les nations de la terre. (*Restaut*).

Les mêmes vertus qui servent à fonder un empire, servent aussi à le conserver. (*Montesquieu*).

Quelle splendeur funeste a succédé à la simplicité romaine! Quel est ce langage étrange? Quelles sont ces mœurs efféminées? (*J.-J. Rousseau*).

Quelques soins qu'on apporte pour entendre une langue, il faut qu'un usage constant et uniforme concoure avec les règles. (*Duclos*).

Les inventeurs en chaque science sont les plus dignes de louange, parce qu'ils ouvrent la carrière aux autres. (*Bern. de Saint-Pierre*).

Le jour même du couronnement, les vainqueurs offrirent des sacrifices en actions de grâce. — Les jours suivants, ils donnèrent eux-mêmes des repas dont la musique et la danse augmentèrent les agréments. (*Barthélemy*).

Les Romains n'ont vaincu les Grecs que par les Grecs mêmes. (*Mably*).

Il est beau de savoir tirer avantage de ses fautes mêmes, et de les faire servir à sa gloire. (*Rollin*).

130. Suite des adjectifs déterminatifs. —(V. Gr.; 128 à 139).

(Il faut encore interroger l'élève sur les degrés de signification des adjectifs qualificatifs. (117 à 127).

Le lion et l'épagneul

Pour voir à la tour de Londres (1) les bêtes féroces, il

____
(1) *Londres*, ville capitale de l'Angleterre.

fallait donner de l'argent à leur maître, ou apporter un chien ou un chat, qui pût leur servir de nourriture. Quelqu'un prit dans une rue un épagneul noir, qui était très joli : étant venu voir un énorme lion, il jeta dans sa cage le petit chien. Aussitôt la frayeur s'empare de ce petit animal ; il tremble de tous ses membres, se couche humblement, rampe, prend l'attitude la plus capable de fléchir le courroux naturel au lion et d'émouvoir ses dures entrailles. Cette bête féroce le tourne, le retourne, le flaire sans lui faire aucun mal.

131. Le maître jette au lion un morceau de viande, il refuse de le manger en regardant fixement le chien, comme s'il voulait l'inviter à le goûter avant lui. L'épagneul revient de sa frayeur, il s'approche de cette viande, en mange, et dans l'instant le lion s'avança pour la partager avec lui. Ce fut alors qu'on vit naître entre eux une étroite amitié. Le lion, comme transformé en un animal doux et caressant, donnait à l'épagneul des marques de la plus vive tendresse, et l'épagneul à son tour témoignait au lion la plus extrême confiance.

132. La personne qui avait perdu ce petit chien, vint, quelque temps après, le réclamer. Le maître du lion la presse vivement de ne pas rompre la trame de l'amitié qui unit si étroitement ces deux animaux ; elle résiste à ses sollicitations : « Puisque cela est ainsi, répliqua le maître du lion, prenez vous-même votre chien, car si je m'en chargeais, cette commission deviendrait pour moi trop dangereuse. » Le propriétaire de l'épagneul comprit bien qu'il fallait en faire le sacrifice. Au bout d'une année, le chien tomba malade, et mourut. Le lion s'imagina, pendant quelque temps, qu'il dormait.

133. Il voulut l'éveiller, et l'ayant inutilement remué avec ses pattes, il s'aperçoit que l'épagneul est mort ; sa crinière se hérisse, ses yeux étincellent, sa tête se redresse, sa douleur éclate avec fureur ; transporté de rage, tantôt il s'élance d'un bout de sa cage à l'autre, tantôt il en mord les barreaux pour les briser ; quelquefois il considère d'un œil consterné le corps mort de son tendre ami, et pousse des rugissements épouvantables : il était si terrible, qu'il faisait sauter, par ses coups, de larges morceaux de

plancher. On voulut écarter de lui l'objet de sa profonde douleur, mais ce fut inutilement, et il garda le petit chien avec grand soin ; il ne mangeait pas même (1) ce qu'on lui donnait pour calmer ses transports furieux.

134. Le maître alors jeta des chiens vivants dans sa cage ; il les mit en pièces ; enfin il se coucha et mit sur son sein le corps de son ami, seul et unique compagnon qu'il eût sur la terre ; il resta dans cette situation cinq jours entiers, sans vouloir prendre de nourriture ; rien ne put modérer l'excès de sa tristesse ; il languit et tomba dans une si grande faiblesse, qu'il en mourut. On le trouva la tête affectueusement penchée sur le corps de l'épagneul. Le maître pleura la mort de ces deux inséparables amis, et les fit mettre dans une même fosse. L'histoire nous présente-t-elle un exemple d'amitié plus parfaite? Quel modèle à proposer! Il est la honte de ces hommes dont le seul intérêt forme et rompt les liens qui les unissent. (*Morale en action*).

EXERCICES D'ORTHOGRAPHE. — (V. Gr., 28).

135. EMPLOI DES ADJECTIFS DÉTERMINATIFS. — (V. Gr., 129 à 137),

Un cadeau (48), trois...
Une plume, douze...
Le premier devoir, les...
Le dernier élève, les...
Ce cheval, ... jument.
Cet enfant, ... enfants.
Cette loge, ... loges.
Ces chameaux, ... chameau.
Ces hameaux, ... hameau. (8, 2°).
Ces tableaux, ... tableau.
Cent chevaux, cinq... chevaux (134).
Deux cents d'huîtres, ... de poires.

Quatre.., dix francs, sept... hommes.
Trois... soldats; huit... douze élèves.
Vingt ans, quatre-... ans.
Quatre-... neuf pommes.
Deux cent quatre-... francs.
Six cent quatre-..., quinze mètres.
Au lieu de cent *vingt* hommes, on disait autrefois six... hommes.
Il y a à Paris un hospice qu'on appelle les *Quinze* .. (ou *trois cents*).

(1) *Même*, ce mot n'est pas ici *adjectif déterminatif*, parce qu'il ne se rapporte ni à un nom, ni à un pronom : il est *adverbe*.

(*Vingt*). L'an mil sept cent quatre-...

En l'an mil huit cent...

Page quatre-.., cent quatre-...

(*Cent*). L'an mil huit.....

Page deux..., trois... etc.

(*Mil, mille* 135). Louis XIV monta sur le trône en... six cent quarante - trois, et mourut en... sept cent quinze.

Une armée de cent... hommes.

Nos troupes firent deux... prisonnniers.

Cette maison s'est vendue dix... francs.

Un *mille* d'Angleterre est une mesure de chemin environ trois fois plus petite que la lieue de France, tandis que le *mille* d'Italie en vaut la moitié. Ainsi combien six... d'Angleterre et vingt... d'Italie font-ils de lieues de France?

(*Million, billion,* etc.) La population du globe terrestre est d'environ huit cent... d'âmes.

Un billion ou milliard vaut mille millions ; combien cinq... en valent-ils ?

136. Suite des adjectifs déterminatifs. — (V. Gr., 138 à 140).

Mon chapeau, ... chapeaux.

Ses amis, ... ami.

Votre sœur, ... sœurs.

Leur devoir, ... devoirs.

Nos maîtres, ... maître.

Ton oncle, ... oncles.

Ses tantes, ... tante.

Mon épée, ... épées.

Tes aumônes, ... aumône.

Mes épargnes, ... épargne.

Ses études, ... étude.

Notre cousin, ... cousins.

Ma plume, ... plumes.

Ta bonté, ... bonté.

Aucun jour, ... personne.

Certain moment, ... heure.

Nul homme, ... femme.

Quel devoir ! ... patience !

Maint auteur, ... caresse.

Tel père, ... mère.

Tout l'argent, ... la fortune.

Un renard, ... poule.

Un autre devoir, ... récompense.

A chaque moment, à ... heure.

Le même cheval, la ... jument.

Un prix quelconque, une somme...

Quelque bien, ... malice, ... fautes.

Plusieurs bergers, ... brebis.

CHAPITRE V. — MOTS VARIABLES. — (V. Gr., 31).

DU PRONOM. — (V. Gr., 140 et suiv.).

Qu'est-ce que le pronom? (140). — *Combien y a-t-il de personnes* dans le discours? (141). — *Indiquez les pronoms de chacune des trois personnes. (142). — Combien compte-t-on d'espèces de pronoms? (143).*

Procédé : L'élève analysera, de vive voix, le *nom,* l'*article,* l'*adjectif qualificatif,* l'*adjectif déterminatif* et le *pronom,* en indiquant l'*espèce,* le *genre* et le *nombre* de chaque mot. Dans le devoir sur cahier, il soulignera tous les pronoms à la fois, ou chaque espèce en particulier, selon sa capacité.

Exemple célèbre d'amour filial.

137. Les annales japonaises (1) font mention de cet exemple extraordinaire d'amour filial : Une femme était restée veuve avec trois garçons, et ne subsistait que de leur travail. Quoique le prix de cette subsistance fût peu considérable, les travaux de ces jeunes gens n'étaient pas toujours suffisants pour y subvenir. Le spectacle d'une mère qu'ils chérissaient, en proie au besoin, leur fit un jour concevoir la plus étrange résolution. On avait publié, depuis peu, que quiconque livrerait à la justice le voleur de certains effets, toucherait une somme assez considérable. Les trois frères s'accordent entre eux qu'un des trois passera pour ce voleur, et que les deux autres le mèneront au juge.

Qu'entendez-vous par pronoms personnels? (145). — Quels sont les pronoms de la 1re, de la 2me, de la 3me personne? (146 à 148).

138. Ils tirent au sort pour savoir qui sera la victime de l'amour filial, et le sort tombe sur le plus jeune, qui se laisse lier et conduire comme un criminel. Le magistrat l'interroge; il répond qu'il a volé; on l'envoie en prison, et ceux qui l'ont conduit touchent la somme promise. Leur cœur s'attendrit alors sur le danger de leur frère; ils trouvent le moyen d'entrer dans la prison; et, croyant n'être vus de personne, ils l'embrassent tendrement et l'arrosent de leurs larmes. Le magistrat qui les aperçoit par hasard, surpris d'un spectacle si nouveau, donne commission à un de ses gens de suivre ces deux délateurs; il lui enjoint expressément de ne les point perdre de vue qu'il n'ait découvert de quoi éclaircir un fait si singulier.

(1) *Japonaises,* c'est-à-dire du Japon. Le Japon est un empire de l'Asie, à l'orient de la Chine.

De quel genre sont les pronoms? (144).

139 Le domestique s'acquitta parfaitement de la commission, et rapporta qu'ayant vu entrer ces deux jeunes
gens dans une maison, il s'en était approché, et les
avait entendus raconter à leur mère ce qu'on vient de lire ;
que la pauvre femme, à ce récit, avait jeté des cris lamen-
tables, et qu'elle avait ordonné à ses enfants de reporter
l'argent qu'on leur avait donné, disant qu'elle aimait mieux
mourir de faim, que de se conserver la vie au prix de son
cher fils. Le magistrat, pouvant à peine concevoir ce pro-
dige de piété filiale, fait venir aussitôt son prisonnier, l'interroge de nouveau sur ses prétendus vols, le menace même
du plus cruel supplice ; mais le jeune homme, tout occupé
de sa tendresse pour sa mère, reste immobile. Ah ! c'en
est trop, lui dit le magistrat en se jetant à son cou ; enfant
vertueux, votre conduite m'étonne. Il va aussitôt faire son
rapport à l'empereur, qui, charmé d'une affection si héroïque, voulut voir les trois frères : il les combla de ca-
resses, assigna au plus jeune une pension considérable, et
une moindre à chacun des deux autres. (*Morale en act.*).

SUITE DES PRONOMS. — (V. Gr., 140 et suiv.).

Que remarquez-vous, 1° sur les pronoms nous, vous ?... *sur les
mots* le, la, les ?... *sur* leur ?... *sur* se ? (149).

La Guenon, le Singe et la Noix.

140. Une jeune guenon cueillit
    Une noix dans sa coque verte ;
Elle y porte la dent, fait la grimace : Ah ! certe,
    Dit-elle, ma mère mentit
Quand elle m'assura que les noix étaient bonnes.
Puis croyez aux discours de ces vieilles personnes
Qui trompent la jeunesse !... Au diable soit le fruit !
Elle jette la noix : un singe la ramasse,
    Vite entre deux cailloux la casse,
    L'épluche, la mange et lui dit :
    Votre mère eut raison, ma mie (1) ;
Les noix ont fort bon goût, mais il faut les ouvrir ;

_____

(1) *Ma mie*, c'est-à-dire *mon amie*.

Souvenez-vous que, dans la vie ,
Sans un peu de travail on n'a point de plaisir. (*Florian*).

141. Suite des Pronoms. — (V. Gr., 140 *et suiv.*).

Qu'entend-on par pronoms démonstratifs ? (150). — *Qu'y a-t-il à observer à l'égard du mot* ce? *et sur* celui-ci, celui-là ? (151, 1° et 2°).*

J'ai donné comme toi des larmes à sa cendre. (*Voltaire*).
Dussé-je, après dix ans, voir mon palais en cendre.
                                        (*Racine*).
Nous avons beau vanter nos grandeurs passagères,
Il faut mêler ses cendres aux cendres de ses pères. (*J.-B. Rousseau*).
Moi, que j'ose opprimer et noircir l'innocence! (*Racine*).
Moi, des bienfaits de Dieu je perdrais la mémoire! (*Rac.*).
Et moi, qui l'amenai, triomphante, adorée,
Je m'en retournerai seule et désespérée. (*Racine*).
Soldats, suivez leurs pas et me répondez d'eux. (*Volt.*).
Venez; les malheureux me sont toujours sacrés. (*Vol.*).
Il faut que le cruel qui m'a pu mépriser,
Apprenne de quel nom il osait abuser ! (*Racine*).

Qu'entendez-vous par pronoms possessifs? (152).—*De quelle personne sont-ils?* (153, 1°). — *Que remarquez-vous sur* le notre, la votre, *etc.* ? (153-2°).

142. Nous avons dit et nous allons prouver qu'il n'y a pas de bonheur sans la vertu. (*Beauzée*).
Les grandes prospérités nous aveuglent, nous transportent, nous égarent. (*Bossuet*).
O Dieu de vérité, quand tu parles, je crois ;
De ma fière raison j'arrête l'insolence. (*Racine*).
A ta faible raison garde-toi de te rendre ;
Dieu t'a fait pour l'aimer, et non pour le comprendre.
                                        (*Voltaire*).
O toi, qui vois la honte où je suis descendue,
Implacable Vénus, suis-je assez confondue ! (*Racine*).
        Aide-toi, le ciel t'aidera. (*La Fontaine*).
Vous et celui qui vous mène, vous périrez. (*Fénélon*).
Combien un avocat bien payé par avance, trouve-t-il plus juste la cause dont il est chargé ! (*Pascal*).

Qu'est-ce que le pronom relatif *ou* conjonctif ? (154).

143. Il est impossible qu'un homme de mauvais naturel aime le bien public ; car comment pourrait-il aimer un million d'hommes, lui qui n'a jamais aimé personne ?
(*Fréron*).

Nous ne devrions chercher dans les hommes que la vérité, et ne souffrir qu'ils voulussent nous plaire que par elle : en un mot, il semble qu'il devrait suffire qu'elle se montrât à nous pour se faire aimer. (*Massillon*).

On aime mieux dire du mal de soi que de n'en pas parler. (*La Rochefoucauld*).

L'innocence vaut bien que l'on parle pour elle. (*Racine*).

Eux seuls seront exempts de la commune loi. (*La Fontaine*).

Les femmes doivent être attentives, car une simple apparence leur fait quelquefois plus de tort qu'une faute réelle. (*Girard*)

Il faut compter sur l'ingratitude des hommes et ne pas laisser de leur faire du bien. (*Fénélon*).

Qu'entendez-vous par antécédent *du pronom relatif?* (155).

144. Le pardon des ennemis ne consiste pas seulement à ne leur nuire ni dans leur réputation ni dans leurs biens; il faut encore les aimer véritablement, et leur faire plaisir si l'occasion s'en présente. (*Girard*).

Va, dis-leur qu'à ce prix je leur permets de vivre. (*Rac.*).

Les yeux de l'amitié se trompent rarement. (*Voltaire*).

Il se faut entr'aider, c'est la loi de nature. (*La Font.*).

On a souvent besoin d'un plus petit que soi. (*La Font.*).

Aucun n'est prophète chez soi. (*La Fontaine*).

Ou mon amour me trompe, ou Zaïre aujourd'hui,
Pour l'élever à soi, descendrait jusqu'à lui. (*Voltaire*).

L'avare qui a un fils prodigue, n'amasse ni pour soi ni pour lui. (*Gram. des Gram.*).

Être trop mécontent de soi est une faiblesse; en être trop content est une sottise. (*Mme de Sablé*).

De quel genre est le pronom relatif? (156). — *Qu'y a-t-il à dire sur le pronom* quoi? (156).

145. Nous devons nous prêter aux faiblesses des autres,

Leur passer leurs défauts comme ils passent les nôtres.
                                        (*Regnard*).

En plaignant les autres, nous nous consolons nous-mêmes;
en partageant leurs malheurs, nous sentons moins les nôtres. (*Le Tourneur*).

Ce furent les Phéniciens qui, les premiers, inventèrent
l'écriture. (*Bossuet*).

Celui que vous voyez, vainqueur de Polyphonte,
C'est le fils de vos rois, c'est le sang de Cresphonte ;
C'est le mien, c'est le seul qui reste à ma douleur.
                                   (*Volt.* Mérope.)

C'est être en mauvaise compagnie que de se trouver li-
vré à soi-même, quand on ne sait ni s'occuper ni s'amuser
de lectures. (*Mme du Deffant*).

Ce qu'on souffre avec le moins de patience, ce sont les
perfidies, les trahisons, les noirceurs. (*Th. Corneille*).

Qu'entend-on par pronom interrogatif? (157). — *Que dites-vous
de l'antécédent ?* (157).

146. Je ne connais d'avarice permise que celle du
temps. (*Le roi Stanislas*).

Les défauts de Henri IV étaient ceux d'un homme aimable, et ses vertus, celle d'un grand homme. *(Voltaire)*.

Les seules louanges que le cœur donne sont celles que
la bonté s'attire. *(Massillon)*.

Ceux qui font des heureux sont les vrais conquérants.
                                        (*Voltaire*).

Celui qui fait tout vivre et qui fait tout mouvoir,
S'il donne l'être à tout, l'a-t-il pu recevoir? *(L. Rac.)*.

Aimer ceux qui vous haïssent, ceux qui vous persécutent, et les aimer lors même qu'ils travaillent avec le plus
d'ardeur à vous opprimer, c'est la charité du chrétien,
c'est l'esprit de la religion. *(Bourdaloue)*.

Un magistrat intègre et un brave officier sont également
estimables; celui-là fait la guerre aux ennemis domestiques, celui-ci nous protége contre les ennemis exté-
rieurs. *(Régnier)*.

147. L'enfant à qui tout cède est le plus malheureux.
                                        (*Villefré*).

L'amitié est une âme qui habite deux corps, un cœur
qui habite deux âmes. (*Pensée d'Aristote*).

La manie de conquérir est une espèce d'avarice qui ne s'assouvit jamais. (*Marmontel*).

Songiez-vous aux douleurs que vous m'alliez coûter ?
(*Racine*).

Un grand cœur est aussi touché des avantages qu'on lui souhaite, que des dons qu'on lui fait. (*Wailly*, p. 182).

Quoi de plus satisfaisant pour des parents que des enfants sages et laborieux ? — Il y a dans cette affaire je ne sais quoi que je n'entends pas. (*Académie*).

Il y avait je ne sais quoi dans ses yeux perçants qui me faisait peur. (*Fénélon.* — Télémaque).

Les Lapons danois ont un gros chat noir auquel ils confient tous leurs secrets , et qu'ils consultent dans leurs affaires. (*Buffon*).

Qu'est-ce que le pronom indéfini? (158). — *Qu'y a-t-il à observer à l'égard des mots* aucun, autre, certain, tel, même, nul, plusieurs, tout? (159).—*Quelles sont les trois acceptions du mot* tout? (159,2°)

148. La bonté du Seigneur, de laquelle nous ressentons tous les jours les effets, devrait bien nous engager à observer ses commandements. (*Wailly*).

On attribue à la cigogne des vertus morales dont l'image est toujours respectable : la tempérance, la fidélité conjugale , la piété filiale et paternelle. (*Buffon*).

.... Il est un Dieu dans les cieux
Dont le bras soutient l'innocence,
Et confond des méchants l'orgueil ambitieux. (*J.-B. Rousseau*).

Il n'y a rien dans le monde dont Dieu ne soit l'auteur.
(*Restaut*).

Le premier pas, mon fils, que l'on fait dans le monde,
Est celui dont dépend le reste de nos jours. (*Voltaire*).

L'instant où nous naissons est un pas vers la mort. (*Voltaire*).

Henri IV regardait la bonne éducation de la jeunesse comme une chose d'où dépend la félicité des peuples.
(*Wailly.* — *Restaut*).

149. Le ciel devint un livre. où la terre étonnée
Lut en lettres de feu l'histoire d'une année. (*Bossuet*).

Les succès couvrent les fautes, les revers les rappellent.
(*M. de Lévis*).

Si le public a eu quelque indulgence pour moi, je le dois à votre protection. (*Condillac*).

Si c'est effacer les sujets de haine que vous ayez contre moi, que de vous recevoir pour ma fille, je veux bien que vous la soyez. (*La Fontaine*).

La noblesse donnée aux pères, parce qu'ils étaient vertueux, a été donnée aux enfants afin qu'ils le devinssent.
(*Trublet*).

Une pauvre fille demande à être chrétienne, et on ne veut pas qu'elle le soit. (*Voltaire*).

Soyez moins épineux dans la société; c'est la douceur des mœurs, c'est l'affabilité qui en fait le charme. (*Vol.*).

Si la religion était l'ouvrage de l'homme, elle en serait le chef-d'œuvre. (*De Bruix*).

La vie est un dépôt confié par le ciel ;
Oser en disposer, c'est être criminel. (*Gresset*).

150. Socrate dit à celui qui lui annonça que les Athéniens l'avaient condamné à mort : « La nature les y a condamnés aussi. » (*Gramm. des Gramm.*).

J'ai connu le malheur, et j'y sais compatir. (*Gaillard*).

Si l'on veut vivre tranquille, il faut mépriser les propos des sots, la haine des envieux, l'insolence des riches.
(*Gaubertin*).

On garde sans remords ce qu'on acquiert sans crimes.
(*Corneille*).

On ne doit pas attribuer à la religion les défauts de ses ministres. (*Leclerc*).

Quoique je parle beaucoup de vous, ma fille, j'y pense encore davantage nuit et jour. (*Mme de Sévigné*).

Exterminez, grands dieux, de la terre où nous sommes,
Quiconque avec plaisir répand le sang des hommes !
(*Voltaire*).

Quiconque attend un malheur certain peut se dire malheureux. (*Saint-Evremont*).

151. Quelqu'un a dit que l'âme du monde est le soleil.
(*Régnier-Dumarsais*).

Quelqu'un a-t-il jamais douté sérieusement de l'existence de Dieu ? (*Régnier-Dumarsais*).

Le sens commun n'est pas chose commune :
Chacun pourtant croit en avoir assez. (*Valaincourt*).

Les langues ont, chacune, leurs bizarreries. (*Boileau*).

La nature semble avoir partagé des talents divers aux hommes pour leur donner, à chacun, leur emploi, sans égard à la condition dans laquelle ils sont nés. (*J.-J. Rousseau*).

La générosité souffre des maux d'autrui, comme si elle en était responsable. (*Vauvenargues*).

Heureux ou malheureux, l'homme a besoin d'autrui ;
Il ne vit qu'à moitié, s'il ne vit que pour lui. (*Delille*).

L'honnête homme est discret ; il remarque les défauts d'autrui, mais il n'en parle jamais. (*Saint-Évremont*).

152. Personne ne sait s'il est digne d'amour ou de haine. (*Restaut*).

Je doute que personne ait mieux peint la nature dans son aimable simplicité que le sensible Gessner. — Personne a-t-il jamais raconté plus naïvement que La Fontaine ?
(*Restaut*).

Un autre que moi ne vous parlerait pas avec autant de franchise. (*Restaut. — Dumarsais*)

Bossuet et Fénélon eurent un génie supérieur ; mais l'un avait plus de cette grandeur qui nous élève, de cette force qui nous terrasse ; l'autre, plus de cette douceur qui nous pénètre, et de ce charme qui nous attache. (*La Harpe*).

L'un élève, étonne, maîtrise, instruit ; l'autre plaît, remue, touche, pénètre. (*La Bruyère, compar. entre Corneille et Racine*).

Tous ses projets semblaient l'un l'autre se détruire. (*Rac.*).

Puisse le ciel verser sur toutes vos années
Mille prospérités l'une à l'autre enchaînées ! (*Racine*).

153. Ils se réunissaient les uns et les autres contre l'ennemi commun. (*Régnier. — Dumarsais, etc.*).

Que ce soit penchant ou raison, ou peut-être l'un et l'autre. (*Féraud*).

Telle, sans aucun attrait pour la retraite, se consacre au Seigneur par pure fierté. (*Massillon*).

Tel qui rit vendredi, dimanche pleurera. (*Racine*).

Le destin qui fait tout nous trompe l'un et l'autre. (*Vol.*).

Les hommes ne sont que des victimes de la mort, qui doivent au moins se consoler les uns les autres. (*Volt.*).

En ce monde il se faut l'un l'autre secourir. (*La Font.*).

Chacun de l'équité ne fait pas son flambeau. (*Boileau*).

Chacun a son défaut où toujours il revient. (*La Font.*).

Tel repousse aujourd'hui la misère importune,

Qui tombera demain dans la même infortune. (*La Harpe*).

154. Nul n'aime à fréquenter les fripons, s'il n'est fripon lui-même. (*J.-J. Rousseau*).

Nul de nous, de sang-froid, avouons-le sans honte,

N'envisage la mort... (*Racine, fils*).

Aucun de vous ne peut se plaindre de ma conduite.
(*Lévizac*).

Plusieurs ont cru le monde éternel. (*Académie*).

Plusieurs se sont trompés en trompant les autres. (*Ac.*).

La jeunesse est présomptueuse; quoique fragile, elle croit pouvoir tout, et n'avoir jamais rien à craindre.
(*Fénélon*).

Tout tombe, tout périt, tout se confond autour de nous. (*Neuville*).

A qui que ce soit que nous parlions, nous devons être polis. — Qui que ce soit qui me demande, dites que je suis occupé. — Je n'envie la fortune de qui que ce soit. — On ne doit jamais mal parler de qui que ce soit en son absence. (*Régnier. — Dumarsais. — Restaut, etc*).

Quelque mérite que l'on ait, on ne peut, si l'on n'a ni bonheur ni protection, réussir à quoi que ce soit. (*Girard*).

Nous faisons nos destins, quoi que vous puissiez dire :

L'homme, par sa raison, sur l'homme a quelque empire.
(*Voltaire*).

155. Suite des Pronoms. — (V. Gr., 140 et suiv.).

Avant chacun des exercices suivants, il faut renouveler une partie des questions qui se rapportent aux pronoms. (140 à 159).

Les cinq sens.

Mme de Verteuil. Regarde bien, Pauline; voici ta poupée, qui a comme toi des bras, des jambes, une tête, un nez, une bouche. Ta poupée est-elle une chose comme toi, ou crois-tu être une autre chose que ta poupée ?

Pauline. Oh ! il me semble que je suis bien une autre chose, maman.

Mme de Verteuil. Quelle différence y a-t-il donc entre

vous deux ? Que peux-tu faire, par exemple, que ta poupée
ne puisse pas faire ?

Pauline. Voyez, maman, je puis lever la main, je puis
courir, sauter, me tenir sur un pied, et la poupée ne peut
rien faire de tout cela.

Mme de Verteuil. Tu as raison, tu peux te mouvoir, et
ta poupée ne le peut pas ; mais n'as-tu pas vu rouler le
chariot de ton petit frère ? il se meut aussi.

Pauline. Oui, maman, je le crois bien ; lorsque Nanette
le pousse par-derrière ou le tire par-devant, il faut bien
alors qu'il se meuve. Mais moi, pour me mouvoir, je n'ai
pas besoin que l'on me tire par-devant ou que l'on me
pousse par-derrière. Voyez comme je sais courir et sauter
toute seule.

156. *Mme de Vert.* Il est vrai, le chariot et la poupée ne
peuvent se mouvoir d'eux-mêmes ; il faut traîner le chariot
et porter la poupée. Mais toi, tu peux te mouvoir de toi
même comme tu veux. Tu peux te lever, t'asseoir, mar-
cher lentement ou courir, comme tu le trouves bon ; tu
peux faire usage de tes pieds, de tes mains, de ta langue
ainsi qu'il te plaît. Mais, Pauline, ton petit frère ne peut
ni parler, ni sauter, ni courir ; il a besoin qu'on le porte
comme la poupée. N'est-il pas au moins, lui, la même
chose qu'une poupée ?

Pauline. Non pas tout-à-fait, ce me semble ; mon petit
frère peut lever la main, remuer la tête, pousser des cris.
Et puis les petits enfants deviennent grands, au lieu que
ma poupée ne grandira pas.

Mme de Vert. Ton observation est juste ; mais, Pauline,
comment sais-tu que ton petit frère peut faire tout ce que
tu viens de dire ?

Pauline. C'est que je l'ai vu plus d'une fois.

Mme de Vert. Et avec quoi l'as-tu vu ?

Pauline. Avec mes yeux, maman.

Mme de Vert. Et, si tu n'avais pas eu des yeux, aurais-
tu pu le voir ?

Pauline. Oh ! non, sans doute.

Mme de Vert. Tu n'aurais donc pu savoir si ton petit
frère est en état de remuer la tête ou de lever sa
main ?

Pauline. Non vraiment je ne l'aurais pas su.

157. *Mme de Vert.* Et pourrais-tu savoir quelque chose, si tu n'avais pas des yeux ? Saurais-tu, par exemple, ce qui se passe autour de toi ?

Pauline. Je ne le crois pas, maman. Je serais alors comme je suis pendant la nuit, quand je m'éveille et qu'il n'y a point de lumière. C'est comme s'il n'y avait rien dans la chambre.

Mme de Vert. Il est vrai, c'est la même chose. Mais ferme un instant les yeux, comme cela... Bon. Dis-moi maintenant, comment est cette table sur laquelle tu es appuyée ! Est-elle dure ou molle ?

Pauline. Elle est dure, maman.

Mme de Vert. Comment sais-tu cela, ma fille ? Tu ne peux pas le voir, puisque tes yeux sont fermés.

Pauline. Non, maman, je ne puis le voir sans doute ; mais je sais bien que la table est dure quand je la touche.

Mme de Vert. Ainsi tu peux le savoir par le toucher, sans te servir de tes yeux pour le voir ?

Pauline. Oui, maman.

158. *Mme de Vert.* Tu peux donc savoir quelque chose de deux manières ; par la vue et par le toucher.

Pauline. Oui, maman.

Mme de Vert. Ferme encore un peu les yeux, et place tes mains derrière ton dos. Qu'est-ce que je mets sous ton nez ?

Pauline. Maman, c'est une rose.

Mme de Vert. Tu as deviné juste. Mais comment sais-tu que c'est une rose, puisque tu ne l'as ni vue, ni touchée ?

Pauline. C'est que je l'ai sentie. Rien au monde n'a une aussi bonne odeur.

Mme de Vert. Ainsi, ma fille, tu peux savoir encore quelque chose par l'odorat.

Pauline. Cela est vrai, maman.

159. *Mme de Vert.* Voilà donc trois moyens par lesquels tu peux savoir quelque chose : la vue, le toucher, et l'odorat. (*Pauline entr'ouvre les yeux*). Non, non, Pauline, je n'ai pas fini ; les yeux encore fermés, s'il te plaît.

Pauline. Tenez, maman, je dois vous en avertir ; je tricherais malgré moi.

Mme de Vert. Comment donc ?

Pauline. J'ai beau le vouloir, je ne puis tenir mes yeux fermés si longtemps ; ils s'ouvrent d'eux-mêmes avant que j'y pense.

Mme de Vert. Viens, je vais te les bander avec ce mouchoir. De cette manière tu ne pourras plus voir, quand même tu le voudrais. (*Elle lui attache le mouchoir sur les yeux*). Eh bien ! Vois-tu maintenant ?

Pauline. Non, maman, je ne vois plus rien ; c'est en bonne conscience.

(*Mme de Verteuil fait signe, sans la nommer, à Henriette, sa fille aînée, qui joue avec son petit frère et sa bonne, à l'autre bout de la chambre, d'approcher doucement.*)

160. *Mme de Vert.* (*à Pauline*). Tu es bien sûre de ne rien voir ? Ce n'est pas tout. Place l'une de tes mains derrière le dos, et bouche-toi le nez de l'autre, pour être aussi sûre que tu ne pourras ni toucher, ni sentir. Reste comme cela. Voici une visite que je t'annonce. (*A Henriette*). Avancez, je vous prie, souhaitez le bonjour à Pauline.

Henriette. Bonjour, Pauline.

Pauline. (vivement), Bonjour, Henriette.

Mme de Vert. Hé, hé ! Pauline ! Comment sais-tu donc que c'est Henriette qui te souhaite le bonjour ?

Pauline. C'est que je l'ai entendue, maman. Je reconnais bien la voix de ma sœur, peut-être.

Mme de Vert. Fort bien, voici une nouvelle découverte. Tu sais encore quelque chose, non pour avoir vu, touché, ni senti, mais seulement pour avoir entendu ; ainsi donc déjà quatre moyens par lesquels tu peux savoir quelque chose : la vue, le toucher, l'odorat, l'ouïe.

Pauline. Vraiment oui, maman, je suis savante de quatre façons.

161. *Mme de Vert.* Remets-toi comme tu étais tout-à-l'heure. Henriette va, de ses mains, te boucher les oreilles par-dessus le marché. Dans cet état tu ne peux ni voir, ni toucher, ni sentir, ni entendre. Essayons s'il reste quel-

qu'autre moyen par lequel on puisse savoir encore quelque chose.

Pauline. Voyons, maman, je vous attends à l'épreuve.

Mme de Vert. Ouvre la bouche. Qu'est-ce que je viens d'y mettre ?

Pauline. (après avoir goûté) C'est de la gelée de groseilles.

Mme de Vert. Et comment le sais-tu ?

Pauline. Fiez-vous à mon goût, je suis connaisseuse.

Mme de Vert. Ton goût ne t'a point trompée. Ton goût ! mais voilà donc un cinquième moyen par lequel tu peux savoir quelque chose ? Pourrais-tu me les nommer, ces cinq moyens ? Ou veux-tu que je te les dise une autre fois ?

162. *Pauline.* J'aime mieux que vous les disiez, maman, pour les mieux retenir. Moi, je pourrais en laisser égarer quelqu'un ; et, franchement, j'aurais du regret à les perdre.

Mme de Vert. Ces cinq moyens par lesquels nous pouvons savoir quelque chose, ou acquérir des connaissances, sont : la *vue*, le *toucher*, l'*odorat*, l'*ouïe* et le *goût*. On les appelle *les cinq sens*.

Pauline. Je suis bien aise d'être assurée qu'il ne m'en manque pas un. Je sais très bien voir, toucher, sentir, ouïr et goûter.

Mme de Vert. Et ta poupée, peut-elle faire quelques-unes de ces choses ?

Pauline. Je la défie d'en faire une seule. Je lui donne à choisir.

Mme de Vert. Voilà donc une grande différence entre vous deux. Ta poupée ne peut ni se mouvoir d'elle-même, ni voir, ni sentir, ni toucher, ni ouïr, ni goûter comme toi. Et sais-tu comment on appelle ceux qui peuvent faire cela ?

Pauline. Non, maman.

163. *Mme de Vert.* On les appelle êtres vivants et animés. Ainsi tu es un être vivant et animé, et ta poupée ne l'est pas. Mais, dis-moi maintenant, les animaux, comme les chiens, les chats, et les oiseaux, sont-ils des êtres vivants et animés, oui ou non ?

Pauline. Je crois qu'ils le sont, maman.

Mme de Vert. Tu as raison de le croire ; car le chat peut se mouvoir de lui-même aussi bien que toi ; et je me doute qu'il sait même courir un peu plus vite et sauter un peu plus haut, n'est-il pas vrai ?

Pauline. Oui, maman ; je lui cède ces avantages.

Mme de Vert. Et lorsque tu vas à lui, en frappant dans tes mains, peut-il entendre le bruit que tu fais ?

Pauline. Oui, il l'entend sans doute, car il se met aussitôt à fuir.

Mme de Vert. Et lorsque tu le touches par derrière avec ton bâton ?

Pauline. Il s'enfuit plus vite encore.

Mme de Vert. Il est donc sensible au toucher ?

Pauline. Oui, maman ; je vous assure qu'il est fort douillet sur ce point.

Mme de Vert. Mais sans le toucher, lorsque tu lui montres seulement le bâton, en le menaçant du geste ?

Pauline. Il le voit si bien, que bientôt je ne le vois plus lui-même.

164. *Mme de Vert.* Voilà déjà trois sens qu'il possède comme toi : la vue, le toucher, et l'ouïe ; voyons encore s'il a l'odorat et le goût :

Pauline. Oh ! je vous en réponds. Il sent de loin une fricassée : et jetez-lui en même temps un morceau de gigot et un bouchon, il sait très bien en faire la différence.

Mme de Vert. Il en est de même de tous les animaux. Ils peuvent se mouvoir d'eux-mêmes comme ils veulent. Ils peuvent voir, toucher, sentir, ouïr et goûter comme nous. Ils sont donc comme nous, des êtres vivants et animés. Ta poupée ne peut rien faire de tout cela : ta poupée est donc une chose sans vie, une chose inanimée, ainsi que cette table et ces fauteuils.

Pauline. J'ai donc quelque chose de plus que ces fauteuils, que cette table et que ma poupée. Mais qu'ai-je de plus que le chat ?

Mme de Verteuil. Une chose bien précieuse, et dont nous parlerons dans un autre entretien ; une chose que tu pourrais trouver dans la question même ; car Minet, de sa

vie entière, n'aurait été en état de me faire une pareille
question. (*Berquin*).

165. Suite des Pronoms. (V, Gr., 140 et suiv.)

Voici un passage de Racine qui contient 38 pronoms.

Andromaque à Céphise.

Veille auprès de Pyrrhus, fais-lui garder sa foi ;
S'il le faut, je consens qu'on lui parle de moi.
Fais-lui valoir l'hymen où je me suis rangée ;
Dis-lui qu'avant ma mort je lui fus engagée.
Que les ressentiments doivent être effacés ;
Qu'en lui laissant mon fils, c'est l'estimer assez.
Fais connaître à mon fils les héros de sa race ;
Autant que tu pourras conduis-le sur leur trace.
Dis-lui par quels exploits leurs noms ont éclaté,
Plutôt ce qu'ils ont fait que ce qu'ils ont été.
Parle-lui tous les jours des vertus de son père,
Et quelque fois aussi parle-lui de sa mère.
Mais qu'il ne songe plus, Céphise, à nous venger.
Nous lui laissons un maître, il le doit ménager.
Qu'il ait de ses aïeux un souvenir modeste :
Il est du sang d'Hector, mais il en est le reste.
             (Racine. *Andromaque*, act. IV, sc. Iʳᵉ).

CHAPITRE VI. — MOTS VARIABLES. (V. Gr., 34).

DU VERBE. — (V. Gr., 160 à 300).

(Les nᵒˢ placés entre parenthèses comme avant les questions, sont
ceux des règles de la Grammaire).

160. Qu'est-ce que le *verbe*? — 161. Combien peut-on dire qu'il y
a de verbes? — 162. Pourquoi les autres mots appelés *verbes* sont-
ils ainsi nommés? — Que renferment-ils en eux? — 163. A quoi
reconnaît-on mécaniquement qu'un mot est un verbe?

PROCÉDÉ : L'élève analysera, de vive voix, les parties du discours
qu'il sait, plus le verbe, en se bornant aux indications qui répondent
aux questions précédentes, et il soulignera le *verbe* seulement, dans
le devoir écrit, (Nous pensons qu'il est nécessaire d'exercer l'élève,
pendant quelque temps, à la conjugaison pratique des verbes réguliers (237 à 240), avant de lui faire faire les devoirs d'analyse qui
suivent, sur le sujet, le verbe, l'attribut et le complément).

166. L'ANE.

Voilà un pauvre âne. Il fait une figure bien triste auprès d'une aussi belle créature que le cheval. Ne le méprisez pourtant pas à cause de sa mine : il a un grand mérite, je vous assure. Il est aussi patient qu'officieux, et il en coûte bien peu pour le nourrir. Il se contente de quelques chardons qu'il broute le long des chemins, ou même de quelques feuilles sèches et d'un peu de son. Il ne demande ni écurie pour le loger, ni palefrenier pour le panser ; en sorte que les pauvres gens qui ne sont pas en état de nourrir un cheval, peuvent avoir un âne. Il tirera fort bien sa petite charrette, ou portera sa paire de paniers. Il ne dédaignera pas même de prêter son dos à un ramoneur. Vous avez vu sans doute des petits savoyards, aux dents blanches et à la face noircie, grimpant sur un âne avec des sacs de suie, qu'ils portent aux teinturiers. (*Il y a là vingt-trois verbes*).

167. Je ne dois pas oublier de vous dire que le lait d'ânesse est un des meilleurs remèdes pour les maladies de poitrine. J'ai vu des personnes si faibles, qu'on les croyait sur le point de mourir, reprendre à vue d'œil leur santé, pour en avoir bu le matin quelque temps. Ne serait-il pas affreux de traiter avec inhumanité des animaux aussi utiles ? Je ne pardonnerai, je crois, de ma vie, à un petit polisson, que j'ai vu tourmenter une de ces pauvres créatures de la manière la plus cruelle. (*Quinze verbes.*) (*Berquin*).

DU SUJET DANS LES VERBES.

164. Qu'est-ce que le *sujet* d'un verbe ? — Rem. Qu'exprime le verbe par rapport au sujet ? — 165. A quoi reconnaît-on le sujet dans un verbe ? — 166. Rem. Quand le pronom relatif *qui* et son antécédent sont sujets, de quel verbe *qui* est-il sujet ? — 2° Par quelles espèces de mots s'exprime le sujet ?

Procédé : L'élève souligne seulement le *sujet* dans le devoir écrit, et il analyse, de vive voix, le *nom*, l'*article*, l'*adjectif*, le *pronom*, et le *verbe*, ce dernier sans autre désignation que celle de *verbe*.

168. L'heure sonne, le temps a cessé pour le juste ; il va demander à Dieu sa récompense. (*Thomas*).
La divinité, qui n'a aucun besoin de nos hommages (166), nous commande cependant de l'honorer, parce que nous

ne pouvons approcher d'elle par la pensée sans devenir plus purs. (*Cuvier.*)

La conscience parle à tous les hommes qui ne se sont pas rendus, à force de dépravation, indignes de l'entendre.
(Duclos).

Nul ne peut être heureux, s'il ne jouit de sa propre estime. (*J.-J. Rousseau*).

La vertu n'entre que dans une âme cultivée, éclairée, perfectionnée par un exercice continuel : nous naissons pour elle, mais non pas avec elle. *(Sénèque)*.

L'émulation est un sentiment volontaire, courageux, sincère, qui rend l'âme féconde, qui la fait profiter des grands exemples, et qui la porte souvent au-dessus de ce qu'elle admire. *(La Bruyère)*. *(Dix-sept sujets)*.

169. L'étude chasse l'ennui ; elle distrait le chagrin ; elle étourdit la douleur ; elle anime et peuple la solitude.
(Ségur).

S'amuser est un grand bien (166-2°) ; s'instruire en est un plus grand. La lecture, qui réunit ces deux avantages, ressemble à un fruit délicieux et nourrissant tout à la fois. *(Marmontel)*.

Les livres sont à l'âme ce que les aliments sont au corps. *(Saint-Evremont)*.

La sottise et la vanité sont deux sœurs qui se quittent peu. (*Moralistes Orientaux*).

Voulez-vous qu'on dise du bien de vous, n'en dites point ; le *moi* est haïssable. (*Pascal*).

La modestie est l'ornement du mérite, elle lui donne de la force et du relief. (*La Bruyère*).

170. Les hommes véritablement louables sont sensibles à l'estime, et ils sont déconcertés par les louanges ; le mérite a sa pudeur, comme la chasteté a la sienne. *(Duclos)*.

L'argent est un bon serviteur, mais il est un mauvais maître. *(Franklin)*.

Se contenter de ce qu'on a vaut plus que la richesse. *(Stobée)*.

Les palais, les domaines, les monceaux d'or et d'argent ne guérissent ni les fièvres du corps, ni celles de l'âme.
(Horace).

L'avarice est plus opposée à l'économie que la liberalité *n'y est opposée*. (*La Rochefoucauld*).

L'avare est celui qui n'ose toucher à son argent, qui n'en est que le triste gardien, et qui ne semble se réserver que le droit de le regarder. (*Bossuet*).

(On peut continuer cet exercice sur les morceaux qui précèdent).

DE L'ATTRIBUT.

167. Qu'entend-on par *attribut* ? — 168. Par quoi est exprimé l'attribut avec le verbe *être* ? — 169. Par quoi est exprimé l'attribut dans un verbe *attributif* ? — REM. A quoi sert le verbe entre le sujet et l'attribut ?

PROCÉDÉ : L'élève souligne seulement l'*attribut* et analyse, de vive voix, les parties déjà expliquées.

171. La colère est un accès de démence. (*Horace*).

Le duel est réprouvé par la loi divine ; il est également interdit par les lois humaines. (*Cours de Morale*).

L'adversité est l'épreuve de la vertu. (*Sénèque*).

Une grande âme est placée au-dessus de l'injure, de l'injustice et de la douleur. (*La Bruyère*).

Quand le corps est souffrant, quand l'esprit est accablé, l'âme doit (*est devant* 169) déployer sa force et son courage. (*Delessert*).

Que le faste ne vous impose pas (169) : l'admiration n'est due qu'à la vertu. (*Mme de Lambert*).

Être sobre n'est pas une grande vertu ; mais ne l'être pas est un grand défaut. (*Christine*, reine de Suède).

172. Un sage médecin disait à ses malades : « Prenez de l'exercice, ayez de la gaîté, surtout ne faites point d'excès; et moquez-vous de moi, » (*Labouisse*).

L'intempérance et l'ivresse ruinent le tempérament, dégradent l'âme, obscurcissent l'intelligence. (*Jullien*).

Un jour, que la reine Élisabeth (1) parcourait les provinces de l'Angleterre, elle voulut voir la maison de campagne que Bacon (2) avait fait bâtir avant son élévation à la dignité de chancelier, et qu'il n'avait pas agrandie depuis.

(1) *Élisabeth*, reine d'Angleterre, de 1558 à 1603.
(2) *Bacon*, illustre philosophe, l'un des plus grands hommes d'Angleterre, mort en 1626.

« Votre maison est bien petite, lui dit-elle. — Madame,
« répondit Bacon, ma maison est assez grande pour moi;
« mais votre majesté m'a fait trop grand pour ma mai-
« son. »

Ne sois ni fier, ni emporté; évite les querelles, source
féconde de tous les malheurs. (*Homère*).

L'impatience aigrit les cœurs, la douceur les ramène.
(*Mme de Maintenon*).

Quand on me fait une injure, je tâche d'élever mon
âme si haut, que l'offense ne parvienne pas jusqu'à moi.
(*Descartes*).

(On peut continuer cet exercice sur les morceaux qui précèdent).

DU COMPLÉMENT.

170. Qu'entend-on par *complément*? — Expliquez un exemple. —
171. A quoi sert le complément? — 172. Combien y a-t-il de sortes
de compléments?

Procédé : L'élève souligne tous les mots compléments du *sujet*, du
verbe *attributif*, ou de l'*attribut*, et analyse, de vive voix, les parties
déjà expliquées.

173. La raison supporte les disgrâces; le courage les
combat; la patience et la religion les surmontent.
(*Mme de Sévigné*).

L'homme de bien porte le courage partout avec lui : au
combat, contre l'ennemi; dans un cercle, en faveur des
absents; dans son lit, contre les attaques de la douleur et
de la mort. (*J. J. Rousseau*).

L'homme courageux attend le péril avec calme, et il ne
s'y expose que quand l'honneur et le devoir le lui com-
mandent. (*Aristote*).

La persévérance vient à bout de tout. (*Virgile*).

Aide-toi, le ciel t'aidera. (*La Fontaine*).

174. L'ennui est entré dans le monde par la paresse.
(*La Bruyère*).

L'oisiveté nous lasse plus promptement que le travail.
(*Vauvenargues*).

Ne remets jamais à demain ce que tu peux faire aujour-
d'hui. (*Stobée*).

L'homme actif veille à tout, étend ses soins sur tout; il

ne perd pas un moment; il croit n'avoir rien fait tant qu'il lui reste quelque chose à faire. (*Lucain*).

Si vous aimez la vie, ne prodiguez pas le temps : car il est l'étoffe dont la vie est faite. (*Franklin*).

Un financier ne dort jamais profondément. (*Jauffret*).

L'art est toujours grossier auprès de la nature.
(*De Valmont*).

La tigresse est furieuse en tout temps. (*Buffon*).

Les hommes veulent tout avoir, et ils se rendent malheureux par le désir du superflu. (*Fénélon*).

DU COMPLÉMENT DIRECT.

173. Qu'est-ce que le complément *direct*? — A quelles questions répond-il?

PROCÉDÉ : L'élève soulignera seulement le complément *direct*, et il analysera, de vive voix, les parties déjà expliquées.

175. Les vents balançaient sur ma tête les cîmes majestueuses des arbres (*Bernardin de Saint-Pierre*).

La guerre pervertit l'homme, et fait éclore en lui la férocité. (*Boiste*).

Prenez en tout l'avis d'un homme honnête et éclairé.
(*Stobée*).

L'ordre a trois avantages : il soulage la mémoire, il ménage le temps, il conserve les choses. (*Franklin*).

La justice affermit l'empire de la raison sur les passions, et celui de Dieu sur la raison même. (*Bossuet*).

On ne croit plus le menteur, même lorsqu'il dit la vérité. (*Moralistes Orientaux*).

Celui qui n'aime point les autres hommes, n'a point connu Dieu : car Dieu est amour. (*Saint-Jean*).

Quand je rends un service, je ne crois pas accorder une faveur, mais payer une dette. (*Franklin*).

176. En rendant le mal pour le mal, vous imitez ce que vous condamnez; en vous vengeant par des bienfaits, en faisant du bien, et en le faisant à un ennemi, vous méritez une double gloire. (*Mme de Lambert*).

Nous aimons nos enfants, nos parents, nos amis : la patrie résume à elle seule toutes nos affections.
(*Th. Barrau*).

La politesse n'inspire pas toujours la bonté, l'équité, la

complaisance, la gratitude ; elle en donne du moins les apparences. (*M*^{me} *de Lambert*).

Quel bonheur de trouver un homme dans le sein duquel nous puissions déposer en sûreté tous nos secrets; un homme dont la conversation calme nos inquiétudes, dont la gaîté dissipe notre tristesse, dont la seule présence nous cause de la joie ! (*Sénèque*).

(Continuez cet exercice sur les morceaux qui précèdent).

DU COMPLÉMENT INDIRECT.

174. Qu'est-ce que le complément *indirect* ? — A quelles questions répond-il ?

PROCÉDÉ : L'élève soulignera seulement le complément *indirect*, et il analysera, de vive voix, les parties déjà expliquées.

177. Le suffrage de la nature l'emporte sur celui de l'art. (*Gresset*).

On aime mieux dire du mal de soi que de n'en pas parler. (*La Rochefoucauld*).

Le soleil luit pour tout le monde. (*Proverbes*).

De jeunes filles, couvertes de voiles blancs, chantaient au pied de l'autel. (*Châteaubriand*).

Tout fuit, tout se disperse. La mer est couverte de débris. (*Thomas*).

Les Gaules furent conquises par César. (*Wailly*).

Si la bonne foi était exilée de la terre, elle devrait se trouver dans le cœur des rois. (*Paroles du roi* Jean, en 1360).

Il n'appartient qu'aux héros et aux génies sublimes de savoir être simples et humains. (*Massillon*).

178. Appliquez-vous à multiplier chez vous les richesses naturelles. (*Fénélon*).

Les mourants qui parlent dans leurs testaments peuvent s'attendre à être écoutés comme des oracles. (*La Bruyère*).

L'âme est rappelée à sa liberté originelle par le grand spectacle de la nature. (*La Harpe*).

L'horizon se chargeait de vapeurs ardentes et sombres. (*Barthélemy*).

On apporta à l'autre du poison : il but, il fit une libation aux Dieux. (*Thomas*).

Lisez Daniel dénonçant à Balthazar la veangeance de Dieu toute prête à fondre sur lui. (*Fénélon*).

On plaît plus souvent par le cœur que par l'esprit.

(*Royou*).

Il sort de la caverne aussi pâle qu'un spectre qui sortirait de son tombeau. (*Marmontel*).

(Continuez cet exercice dans les morceaux qui précèdent).

DU COMPLÉMENT CIRCONSTANCIEL.

175. Qu'entendez-vous par complément *circonstanciel*? — A quelles questions répond ce complément ?

PROCÉDÉ : Soulignez le complément *circonstanciel* seulement, et analysez, de vive voix, toutes les parties déjà expliquées depuis le *nom*.

Lorsque l'élève comprend le complément (*direct, indirect* et *circonstanciel*), il est nécessaire d'y insister longtemps : il met un *trait* sous le complément *direct*, deux sous le complément *indirect*, et trois sous le complément *circonstanciel*. De cette manière, il les désigne tous dans un même exercice.

179. A présent, ses liens sont brisés. (*La Harpe*).

Chacun, à l'envi, faisait gloire de savoir et de dire quelque particularité de sa vie et de ses vertus. (*Mascaron*).

Il écrivit pour rendre les hommes meilleurs en les éclairant. (*Barthélémy*).

Le vent bruyait dans la forêt. (*Laveaux*).

Les vaisseaux russes se retirèrent, pour n'être pas exposés quand les vaisseaux ennemis sauteraient en l'air.

(*Rulh*).

Dans tout ce que tu fais hâte-toi lentement. (*Regnard*).

Je voulus retourner en arrière, mais il n'était plus temps (*Châteaubriand*).

Ce billet a échu le trente du mois dernier.

(*Girault Duvivier*).

Cet ajustement ne vous messiéra pas. (*Laveaux*).

Un savant philosophe a dit élégamment :

Dans tout ce que tu fais hâte-toi lentement. (*Regnard*).

180. J'ai différé jusqu'à aujourd'hui à vous donner de mes nouvelles. (*Académic*).

L'avare est encore sur tous ses sacs d'or. (*La Fontaine*).

Mentor persuada à Idoménée qu'il fallait, au plus tôt, chasser Protésilas et Timocrate. (*Fénélon*).

Quant au besoin de vivre, un vignoble, un verger, une laiterie, un potage, fourniront agréablement à nos plaisirs. (*Bernardin de Saint-Pierre*).

Toujours la tyrannie a d'heureuses prémices. (*Racine*).

Dans cette affaire, vous n'avez pas agi convenablement. (*Académie*).

Celui qui juge à la hâte, juge assez ordinairement mal. (*Wailly*).

Nous nous plaignons quelquefois légèrement de nos amis, pour justifier par avance notre légèreté. (*La Rochef.*).

Les hommes ne louent jamais gratuitement et sans intérêt. (*St-Evremont*).

(Continuez cet exercice dans les morceaux qui précèdent).

DU COMPLÉMENT MODIFICATIF.

176. Qu'est-ce que le *modificatif* ou *complément modificatif* du sujet et de l'attribut ? — En quoi consiste-t-il ?

Procédé : Soulignez le complément *modificatif* seulement, et analysez, de vive voix, les parties déjà expliquées, depuis le *nom*.

181. Cela est heureusement exprimé. (*Laveaux*).

Quant à moi, je ne pouvais rien dire de semblable. (*J.-J. Rousseau*).

Le fer, le bandeau, la flamme est toute prête. (*Racine*).

L'hysope croît dans les plus profondes vallées. (*Massill.*).

Les grandes pensées viennent du cœur. (*Vauvenargues*).

Les hommes sont encore enfants à soixante ans. (*Aubert*).

Le grand aigle, qu'on appelle aigle royal ou aigle doré, est le plus grand de tous les aigles. (*Buffon*).

Le fer, qui tranche tout, n'est qu'un moyen vulgaire. (*C. Delavigne*).

Je méconnais les grands qui n'ont pas l'âme grande. (*Boursault*).

L'égoïste, n'aimant que lui, n'est aimé de personne. (*Gaston*).

(Continuez cet exercice dans les morceaux qui précèdent).

DES PRONOMS COMPLÉMENTS.

177. Quels pronoms sont toujours compléments *directs*? — **178.** Quels pronoms sont toujours compléments *indirects* ? — **179.** Dans quel cas les pronoms *me, te, se, nous, vous,* sont-ils compléments *directs*? — **180.** Quand sont-ils compléments *indirects* ?

PROCÉDÉ : L'élève soulignera d'un trait les pronoms compléments *directs*, et de deux traits les pronoms compléments *indirects* ; de vive voix, il analysera *toutes* les parties du discours qu'il sait.

182. Le vrai bien n'est qu'au Ciel, il le faut acquérir. (*Godeau*).

Il serait à souhaiter que tout homme fît son épitaphe de bonne heure, qu'il la fît la plus flatteuse qu'il serait possible, et qu'il employât toute sa vie à la mériter. (*Marm.*).

Le bruit de nos trésors les a tous attirés. (*Racine*).

Je souffre tous les maux que j'ai faits devant Troie. (*Racine*).

Si le public a eu quelque indulgence pour moi, je le dois à votre protection. (*Condillac*).

Les succès couvrent les fautes, les revers les rappellent. (*M. de Lévis*).

Il n'est point de mortel qui n'ait son ridicule ;
Le plus sage est celui qui le cache le mieux. (*Regnard*).
Trouverai-je partout un rival que j'abhorre ? (*Racine*).
La modestie ajoute au talent qu'on renomme,
Le pare, l'embellit : c'est la pudeur de l'homme. (*Royou*).

183. Quand on s'approche des plus grands hommes, on s'étonne de les trouver si petits. (*Boiste*).

Moi, je pourrais trahir le Dieu que j'aime ! (*Racine*).

Il honora les lettres de cet attachement, de cette protection capable de les faire fleurir. (*Domergue*).

L'âme n'a point de secrets que la conduite ne révèle. (*Suard*).

Hippias se trouble ; il sent je ne sais quoi de divin qui l'étonne et qui l'accable. (*Fénélon*).

(*Celui*) Qui chérit son erreur ne la veut pas connaître. (*Corneille*).

Je le prie, en mourant, d'épargner mes douleurs. (*Racine*).

Nous prendrons à témoin le Dieu qu'on y révère ;
Nous le prierons tous deux de nous servir de père. (*Racine*).

184. Ne lui faites point cet affront, ne lui donnez rien. (*Gramm. des Gramm.*).

Une grenouille vit un bœuf
Qui lui sembla de belle taille. (*La Fontaine*).

Donnez-lui ce qu'elle demande. Elle demande ses gages, donnez-les-lui. (*Laveaux*).

Les femmes doivent être attentives, car une simple apparence leur fait quelquefois plus de tort qu'une faute réelle. (*Girard*).

Il faut compter sur l'ingratitude des hommes, et ne laisser pas de leur faire du bien. (*Fénélon*).

Le pardon des ennemis ne consiste pas seulement à ne leur nuire ni dans leur réputation, ni dans leurs biens; il faut encore les aimer véritablement, et leur faire plaisir, si l'occasion s'en présente. (*Girard*).

185 Il n'y a point de mal dont il ne naisse un bien. (*Voltaire*).

Il n'y a rien dans le monde dont Dieu ne soit l'auteur. (*Restaut*).

C'est un homme dont le mérite égale la naissance. (*Th. Corneille*).

Soyez moins épineux dans la société; c'est la douceur des mœurs, c'est l'affabilité qui en fait le charme. (*Volt.*).

Néron, bourreau de Rome, en était l'histrion. (*Delille*).

Tout mortel en naissant apporte dans son cœur
Une loi qui du crime y grave la terreur. (*L. Racine*).

J'ai connu le malheur et j'y sais compâtir. (*Gaillard*).

Vous descendez en vain des aïeux dont vous êtes né, et tout ce qu'ils ont fait d'illustre ne vous donne aucun rang. (*Molière*).

La vie est un dépôt confié par le ciel;
Oser en disposer, c'est être criminel. (*Gresset*).

Mon trône vous est dû : loin de m'en repentir,
Je vous y place même avant que de partir. (*Racine*).

186. Moi, je m'arrêterais à de vaines menaces ! (*Racine*).

A ta faible raison garde-toi de te rendre;
Dieu t'a fait pour l'aimer, et non pour le comprendre. (*Voltaire*).

Cette femme se promène; ces hommes se querellent; cette fleur se flétrit; ces arbres se meurent (*Gramm. des Gramm.*).

Les grandes prospérités nous aveuglent, nous transportent, nous égarent. (*Bossuet*),

Je désire vous voir heureux, parce que je vous suis attaché. (*Beauzée*).

Son visage odieux m'afflige et me poursuit. (*Racine*).

L'homme heureux n'a qu'à s'abandonner à ses vertus, et il faut que le malheureux se sacrifie aux siennes. (*St-Evremont*).

187. Tu aimeras tes ennemis, tu béniras ceux qui te maudissent, tu feras du bien à ceux qui te persécutent, tu prieras pour ceux qui te calomnient. (*Beauzée*).

Ce n'est pas ce qui nous élève au-dessus des autres hommes qui nous rend heureux, c'est ce qui nous réconcilie avec Dieu. (*Massillon*).

Quel bras peut vous suspendre, innombrables étoiles? (*L. Racine*).

Il me flatte et me loue. (*Girault-Duvivier*).

Il s'est instruit et s'est rendu recommandable par ses lulumières. (*Laveaux*).

Viens, suis-moi; la sultane en ce lieu se doit rendre. (*Racine*).

Il se faut entr'aider, c'est la loi de nature. (*La Font.*).

188. Venez; les malheureux me sont toujous sacrés. (*Voltaire*).

Accordez-moi votre amitié; si vous me la refusez, j'en serai vivement affecté. (*Wailly*).

Tout ce qui nous ressemble est parfait à nos yeux. (*Aubert*).

Je te promets de grandes jouissances, si tu as le goût du travail. (*Vaugelas*).

Je veux du moins vous épargner un crime. (*M. Picyre*).

Il nous importe beaucoup de fuir la société des méchants (*Féraud*).

Il vous sied bien d'avoir l'impertinence
De refuser un mari de ma main! (*Voltaire*).

Tout vous rit : la fortune obéit à vos vœux. (*Racine*).

189. L'univers, me dis-je, est un tout immense dont toutes les parties se correspondent. (*Thomas*).

Seigneur, il vous est donc indifférent que nous périssions, et notre perte ou notre salut n'est plus une affaire qui vous intéresse. (*Massillon*).

Vous n'êtes point à vous, le temps, les biens, la vie,
Rien ne vous appartient, tout est à la patrie. (*Gresset*).

Tant de coups imprévus m'accablent à la fois,
Qu'ils m'ôtent la parole et m'étouffent la voix. (*Racine*).

On doit toujours se reprocher, non seulement d'avoir fait le mal, mais même de n'avoir pas fait le bien. (*Gramm. des Gramm.*).

Un seul jour perdu devrait nous donner des regrets. (*Massillon*).

Il ne se propose d'aller à la gloire que par la vertu. (*Massillon*).

DES DIFFÉRENTES SORTES DE VERBES.

181. Quel verbe s'appelle verbe substantif? (*V. 161, 224 et 236*).
PROCÉDÉ : L'élève souligne seulement le verbe *substantif*, et, de vive voix, il analyse le *nom*, l'*article*, l'*adjectif* et le *pronom*.
Quand l'élève saura conjuguer les verbes, il sera nécessaire de l'interroger sans cesse sur le *sujet*, le *verbe*, l'*attribut* et le *complément*, autant et plus souvent avec le livre que par un devoir écrit.

190. Verbe substantif. — (Être, V. 236).

« Le cœur, dit Chrysostôme, est le symbole de l'amour conjugal ; il meurt par la moindre division de ses parties. » (*Massillon*).

Des petits maîtres et des petites maîtresses sont des êtres insupportables dans la société. (*Girault-Duvivier.*).

Le propre des belles actions est d'attirer le respect et l'estime. (*Vaugelas*).

Tout alors pouvait être embûche, et tout en effet était trahison. (*Girault-Duvivier*).

Jamais la France n'a été plus puissante. (*Girault-Duviv.*).

Ne donnez jamais des conseils qu'il soit dangereux de suivre. (*Girault-Duvivier*).

Homme, qui que tu sois, si l'orgueil te tente, souviens-toi que ton existence a été un jeu de la nature, que ta vie est un jeu de la fortune, et que tu vas bientôt être le jouet de la mort. (*Marmontel*).

Le spectacle d'un homme souffrant n'offre-t-il rien qui soit digne de votre pitié ? (*Massillon*).

191. Les arts sont enfants des richesses et de la douceur du gouvernement. (*Fontenelle*).

Henri IV fut vainqueur et roi comme Alexandre. (*Desmarais*).

Le naufrage et la mort sont moins funestes que les plaisirs qui attaquent la vertu. (*Fénélon*).

Les objets qui lui étaient le plus agréables étaient ceux dont la forme était unie et la figure régulière. (*Buffon*).

Vous étiez, madame, à la tête de ceux qui se flattaient de cette espérance. (*Voltaire*).

Toute sa vie n'a été qu'un travail, qu'une occupation continuelle. (*Massillon*).

Les droits sacrés de l'amitié sont inviolables. (*Bossuet*).

DES VERBES ATTRIBUTIFS.

182. Combien y a-t-il d'espèces de verbes *attributifs* ? — Dites-les. — 183. Qu'est-ce que le verbe *actif*? — 184. Comment reconnait-on qu'un verbe est *actif*? — 185. Le verbe *actif* est-il le seul qui puisse avoir un complément *direct*?

PROCÉDÉ : L'élève souligne les verbes *actifs* seulement, et, de vive voix, il dit tout ce qu'il a vu jusque-là. (Excepté le *sujet*, l'*attribut* et le *complément*, qui doivent être l'objet d'exercices particuliers et incessants, quand l'élève est capable de les comprendre).

Observation. Avant de commencer les exercices sur les verbes *attributifs*, il est utile d'en faire faire quelques-uns, dans les morceaux précédents sur chacun des deux verbes *auxiliaires*, après avoir interrogé l'élève sur les règles n°° 222 à 224.

VERBES ACTIFS.

La dureté envers les indigents.

192. On accompagne souvent la miséricorde de tant de dureté envers les malheureux; en leur tendant une main secourable, on leur montre un visage si dur et si sévère, qu'un simple refus eût été moins accablant pour eux qu'une charité si sèche et si farouche ; car la pitié, qui paraît touchée de leurs maux, les console presque autant que la libéralité qui les soulage. On leur reproche leur force, leur paresse, leurs mœurs errantes et vagabondes; on s'en prend à eux de leur indigence et de leur misère; et, en les secourant, on croit acheter le droit de les insulter. (*Dix verbes actifs*).

193. Mais s'il était permis à ce malheureux que vous outragez, de vous répondre ; si l'abjection de son état n'avait
pas mis le frein de la honte et du respect sur sa langue :
« Que me reprochez-vous? vous dirait-il ; une vie oiseuse
» et des mœurs inutiles et errantes? Mais quels sont les
» soins qui vous occupent dans votre opulence? les soucis
» de l'ambition, les inquiétudes de la fortune, les mouve-
» ments de la volupté. Je puis être un serviteur inutile,
» n'êtes-vous pas vous-même un serviteur infidèle? Ah! si
» les plus coupables étaient les plus pauvres et les plus
» malheureux ici-bas, votre destinée aurait-elle quelque
» chose au-dessus de la mienne? (*Sept verbes actifs*).

194. »Vous me reprochez des forces dont je ne me sers
» pas : mais quel usage faites-vous des vôtres? je ne de-
» vrais pas manger parce que je ne travaille point ; mais êtes-
» vous dispensé vous-même de cette loi? N'êtes-vous riche
» que pour vivre dans une indigne mollesse? Ah! Dieu
» jugera entre vous et moi ; et devant son tribunal redou-
» table, on verra si vos voluptés et vos profusions vous
» étaient plus permises que l'innocent artifice dont je me
» sers pour trouver du soulagement à mes peines. » (*Quatre*
» *verbes actifs*).

195. Offrons du moins au malheureux des cœurs sensibles à leurs misères ; adoucissons du moins par notre humanité, le joug de l'indigence, si la médiocrité de notre
fortune ne nous permet pas d'en soulager tout-à-fait nos
frères. Hélas! on donne dans un spectacle profane des larmes aux aventures chimériques d'un personnage de théâtre ; on honore des malheurs feints, d'une véritable sensibilité; on sort d'une représentation le cœur encore tout
ému du récit de l'infortune d'un héros fabuleux ; et votre
frère que vous rencontrez au sortir de là, couvert de plaies,
et qui veut vous entretenir de l'excès de ses peines, vous
trouve insensible ; et vous détournez vos yeux de ce spectacle de religion, et vous ne daignez pas l'entendre, et vous
l'éloignez même rudement, et achevez de lui serrer le
cœur de tristesse! Ame inhumaine! le spectacle d'un
homme souffrant n'offre-t-il rien qui soit digne de votre
pitié? (*Massillon*).

(Cet exercice doit être continué sur d'autres morceaux).

VERBES PASSIFS.

186. Qu'entendez-vous par verbe *passif?* — Que résulte-t-il de la comparaison de ce verbe avec le verbe *actif?* — Pourquoi dit-on que le sujet est également *passif?* — **187.** D'où vient le verbe passif?

Procédé : L'élève souligne le verbe *passif* seulement, et, de vive voix, il analyse toutes les parties qui précèdent.

196. Un enfant, qui est aimé de ses parents, doit faire tous ses efforts pour mériter leur amour. (*Girault-Duviv.*).

Vous êtes trop occupé de votre fortune, et vous ne l'êtes pas assez de votre salut. (*Lévizac*).

Les anciens Grecs étaient persuadés que l'âme est immortelle. (*Barthélémy*).

Je ne vois rien ici dont je ne sois blessée. (*Racine*).

Le cœur est un aveugle à qui sont dues toutes nos erreurs. (*St-Evremont*).

Les honneurs sont faits pour récompenser la vertu.

C'est là que la faim est rassasiée, que la nudité est revêtue, que l'infirmité est guérie, que l'affliction est consolée, que l'ignorance est instruite... (*Fléchier*).

Nestor et Philoctète furent avertis qu'une partie du camp était déjà brûlée. (*Fénélon*).

197. Les gens de mérite étaient connus des Perses, qui n'épargnaient rien pour les gagner. (*Bossuet*).

Ne fais à autrui que ce que tu voudrais qui te fût fait à toi-même. (*Académie*).

Une ligne quelconque étant donnée; deux points quelconques étant donnés. (*Régnier. — Desmarais*).

On est obligé de contraindre l'enfant. (*Buffon*).

Les meilleurs princes mêmes, pendant qu'ils ont une guerre à soutenir, sont contraints de faire le plus grand des maux, qui est de tolérer la licence et de se servir des méchants. (*Fénélon*).

Tout était adoré dans le siècle païen;
Par un excès contraire, on n'adore plus rien. (*L. Racine*).

Ces vins-là veulent être bus tout purs. (*Académie*).

Quelque bien écrits que soient ces ouvrages, ils ont peu de succès. (*Gramm. des Gramm.*).

Tous les citoyens sont également protégés par la loi. (*Girault-Duvivier*).

(Continuez cet exercice sur d'autres morceaux).

VERBES NEUTRES.

188. Qu'entendez-vous par verbe *neutre* ? — Comment le distingue-t-on du verbe *actif* ? — 189. Dans quel cas le verbe *actif* peut-il être considéré comme *neutre* ? — 190. Dans quel cas certains verbes *neutres* ont-ils la valeur de verbes *actifs* ?

PROCÉDÉ : L'élève souligne les verbes *neutres* seulement, et, de vive voix, il analyse toutes les parties qui les précèdent.

198. L'honnête homme est discret ; il remarque les défauts d'autrui, mais il n'en parle jamais. (*Saint-Evremont*).

La générosité souffre (189) des maux d'autrui, comme si elle en était responsable. (*Vauvenargues*).

Heureux ou malheureux, l'homme a besoin d'autrui ;
Il ne vit qu'à moitié, s'il ne vit que pour lui. (*Delille*).

Il a manqué aux égards que l'on se doit. (*Dumarsais*).

L'un (189) élève, étonne, maîtrise, instruit ; l'autre plaît (188), remue (189), touche, pénètre. (*La Bruyère*).

Ils y courent en foule, et, jaloux l'un de l'autre,
Désertent (190) leur pays pour inonder le nôtre. (*Rac.*).

Tel qui rit vendredi, dimanche pleurera. (*Racine*).

199. A chaque jour suffit sa peine. (*Académie*).

Chaque passion parle (190) un différent langage. (*Boil.*).

Chaque âge a ses plaisirs, chaque état a ses charmes ;
Le bien succède au mal, les ris suivent les larmes.

(*Delille*).

Chacun a son défaut où toujours il revient. (*La Font.*).

Chacun en parle, chacun en raisonne. (*Académie*).

Aucun de nos grands écrivains n'a travaillé dans le genre de l'épopée. (*Voltaire*).

Pas une expérience ne lui réussit. (*Académie*).

Les mêmes vertus qui servent à fonder un empire, servent aussi à le conserver. (*Montesquieu*).

Tout citoyen doit obéir aux lois, même injustes. (*Bernardin de Saint-Pierre*).

Tout tombe, tout périt, tout se confond autour de nous. (*Neuville*).

200. La valeur, tout héroïque qu'elle est, ne suffit pas pour faire des héros. (*Mascaron*).

Voilà la paix dont j'ai joui, toute autre me paraît une fable ou un songe. (*Fénélon*).

On ne doit jamais mal parler de qui que ce soit en son absence. (*Restaut*).

Elle pleurait de dépit ; elle alla trouver Calypso, errante dans les sombres forêts. (*Fénélon*).

Les Romains ont bien dégénéré de la vertu de leurs ancêtres. (*Patru*).

Une République fameuse a disparu de nos jours, sous nos yeux, en un moment. (*Daru*. République de Venise).

La mer a disparu sous leurs nombreux vaisseaux.
(*Delille*).

Nous avons échoué sur un banc de sable. (*Académie*).

Il a demeuré quelque temps en Italie, pour apprendre la langue de ce pays. (*Restaut*).

201. Il est demeuré à Paris, pour y suivre son procès. (*Wailly*).

Cet enfant a bien grandi en peu de temps. (*Académie*).

Je sens que je suis bien vieilli. (*Marmontel*).

J'ai retenu le chant, les vers m'ont échappé. (*J.-B. Rousseau*).

Ce mot m'est échappé, pardonnez ma franchise. (*Rac.*).

Dès que je l'ai entendu se plaindre, j'ai accouru à son secours. (*Girault-Duvivier*).

La voix de l'innocence est montée au ciel. (*Laveaux*).

Il faut pleurer (190) les hommes à leur naissance, et non pas à leur mort. (*Montesquieu*).

Circé pâle, interdite, et la mort dans les yeux,
    Pleurait sa funeste aventure. (*J.-B. Rousseau*).

Tous ceux qui sont allés à la guerre n'en reviendront pas. (*Beauzée*).

Ou laissez-moi périr, ou laissez-moi régner. (*Corneille*).

Il est charmant, ma foi ; vivent les gens d'esprit !
(*Palissot*).

(Continuez cet exercice sur d'autres morceaux.)

VERBES PRONOMINAUX.

191. Qu'est-ce qu'un verbe *pronominal* ? — 192. Qu'y a-t-il à dire sur le sujet de ce verbe ? — Dans quel cas y a-t-il réciprocité ? — 193. — Qu'entend-on par verbes *essentiellement* pronominaux — 194. Qu'entendez-vous par verbes *accidentellement* pronominaux ?

REM. Dans quel cas le verbe est-il *pronominal-actif*? — ... *pronominal-neutre*?

Procédé : Soulignez les verbes *pronominaux* seulement, et analysez, de vive voix, tout ce qui a été expliqué jusque-là.

202. Sans dessein de tromper autrui, elle se trompe sans doute elle-même. (*Fléchier*).

Il y a en Sorbonne des personnes très savantes et très discrètes, auxquelles on peut se fier pour la conduite de ses mœurs. (*Le P. Bouhours*).

Les hommes ne sont que des victimes de la mort, qui doivent au moins se consoler les uns les autres. (*Voltaire*).

Virgile et Horace s'aimèrent l'un l'autre.

Tous deux s'aidaient l'un l'autre à porter leurs douleurs ;
N'ayant plus d'autres biens, ils se donnaient des pleurs.
(*Delille*).

Et l'un et l'autre camp, les voyant retirés,
Ont quitté le combat, et se sont séparés. (*Racine*).

L'un et l'autre rival, s'arrêtant au passage,
Se mesure des yeux, s'observe, s'envisage (1). (*Boil.*).

203. Ceux qui se plaignent de la fortune n'ont souvent à se plaindre que d'eux-mêmes. (*Voltaire*).

Les meilleurs princes mêmes, pendant qu'ils ont une guerre à soutenir, sont contraints de faire le plus grand des maux, qui est de tolérer la licence et de se servir des méchants. (*Fénélon*).

Plusieurs se sont trompés en voulant tromper les autres. (*Académie*).

Je n'ignore pas qu'on ne saurait être heureux sans la vertu, et je me propose bien de toujours la pratiquer. (*Beauzée*).

Le soir, tôt ou tard, mon père s'en était allé aux champs pour quelque affaire. (*Amyot*).

Combien de grands monuments s'en sont allés en poussière ! (*Académie*).

L'homme ne doit pas beaucoup se prévaloir de sa raison, qui le trompe si souvent. (*Trévoux*).

204. Modeste en ma couleur, modeste en mon séjour,

---

(1) Nous verrons plus loin, dans la Grammaire, que l'expression *l'un et l'autre* donnant une idée de pluralité, exige le verbe au pluriel. Boileau aurait dû dire : *Se mesurent, s'observent, s'envisagent.*

Franche d'ambition, je me cache sous l'herbe ;
Mais si, sur votre front, je puis me voir un jour,
La plus humble des fleurs sera la plus superbe.

(*Desmarest*).

Il ne peut se taire de la grâce que vous lui avez faite.

(*Académie*).

De tant de maux un grand bien s'en suivit. (*Féraud*).

Grands, riches, petits et pauvres, personne ne peut se soustraire à la mort. (*Wailly*).

Non seulement toutes ses richesses et tous ses honneurs, mais toute sa vertu s'évanouit. (*Vaugelas*).

Son esprit, non plus que son corps, ne se pare jamais de vains ornements. (*Fénélon*).

Pour ne jamais s'écarter du chemin de la vertu, il faut toujours être en garde contre ses passions. (*Girault-Duvivier*).

Les évangélistes s'accordent tous à nommer Saint-Pierre avant tous les apôtres. (*Bossuet*).

205. Il s'écoute, il se plaît, il s'adonise, il s'aime. (*J.-B. Rousseau*).

Je me crois des élus, je m'anime à les suivre. (*L. Rac.*).

Elle s'animait à s'anéantir avec Jésus-Christ, à naître avec lui, à mourir et à ressusciter avec lui. (*Fléchier*).

Appliquez-vous à multiplier chez vous les richesses naturelles. (*Fénélon*).

La vertu s'avilit à se justifier. (*Voltaire*).

Et sans jamais t'avilir à répondre,
Laisse au mépris le soin de les confondre. (*Gresset*).

Que serait la puissance des rois, s'ils se condamnaient à en jouir tout seuls ! (*Massillon*).

Dieu s'était enfin déterminé à délivrer sa patrie du joug sous lequel elle gémissait. (*Barthélémy*).

Tout ce qui vous environne s'étudie à vous tromper. (*Massillon*).

VERBES UNIPERSONNELS.

195. Qu'entend-on par verbe *unipersonnel* ou *impersonnel* ? — Qu'avez-vous à dire du mot *il* qui précède ce verbe ? — 196. Qu'entendez-vous par verbes *essentiellement* unipersonnels ?—... par verbes *accidentellement* unipersonnels ? — 197. 1°, 2°. Qu'y a-t-il à dire sur le *sujet* dans les verbes unipersonnels ?

PROCÉDÉ : Soulignez les verbes *unipersonnels* seulement, et analisez, de vive voix, tout ce qui a été expliqué jusque-là.

206. Est-il édifiant de voir les catholiques déchaînés les uns contre les autres ? (*Desmarais*).

Il n'y a guère d'homme qui se serve également de l'une et de l'autre main. (*Régnier. — Desmarais*).

Il n'y a chose quelconque qui puisse l'y obliger. — Il ne lui est demeuré chose quelconque. (*Régnier.—Desm.*).

Je doute qu'il y ait aucun auteur sans défaut. (*Wailly*).

Il n'a manqué (196) à Molière que d'éviter le jargon et le barbarisme, et d'écrire purement. (*La Bruyère*).

Il y a quelque cinq cents ans que Flavio Gioja, Napolitain, a fait l'utile découverte de la boussole. (*Académie*).

Plaise (196) aux dieux que votre héros
Pousse plus loin ses destinées ! (*Voltaire*).

Tout grand poète qu'est Delille, il lui échappe (196) quelques fautes. (*Boniface*).

Il n'est point de système, quelque absurde, quelque ridicule qu'on puisse se le figurer, qui n'ait trouvé de partisans pour le soutenir. (*Académie*).

207. Je veux qu'on dise un jour aux siècles effrayés :
Il fut des Juifs, il fut une insolente race. (*Racine*).

Pour bien juger les grands, il faut les approcher.
(*Aubert*).

Il est nécessaire que je sorte ; il convient que vous suiviez mes conseils. (*Girault-Duvivier*).

Nous tenons tout de Dieu ; il convient que nous lui rapportions toutes nos actions. (*Girault-Duvivier*).

Il me semble que depuis un mois cet homme a rajeuni.
(*Marmontel*).

Il lui est échappé, dans ce mémoire, des expressions un peu hasardées. (*Féraud*).

Jamais il ne m'est échappé une parole qui pût découvrir le moindre secret. (*Fénélon*).

« Il y a deux jours qu'il neige ; il en résultera de grands inconvénients. » (*Girault-Duvivier*).

208. « Il nous importe beaucoup de fuir la société des méchants. » (*Féraud*)

Toute langue étant imparfaite, il ne s'en suit pas qu'on doive la changer. (*Voltaire*).

Il n'y a rien que les hommes aiment mieux conserver, et qu'ils ménagent moins que leur propre vie. (*La Bruy.*).

Il est beau d'oser s'exposer à l'indignation du prince plutôt que de manquer à ses devoirs. (*Massillon*).

Il n'appartient qu'aux héros et aux génies sublimes de savoir être simples et humains. (*Massillon*).

Il y a beaucoup d'occasions où il vaut mieux se taire que de parler. (*Académie*).

Il n'est pas possible de s'abuser au point de prendre un homme pour un ressuscité. (*Pascal*).

Le plus difficile est de donner ; que coûte-t-il d'y ajouter un sourire ? (*La Bruyère*).

Il en coûte bien moins de remporter des victoires sur les ennemis que de se vaincre soi-même. (*Massillon*).

(S'il en est besoin, continuez cet exercice sur d'autres morceaux).

DES MODIFICATIONS DU VERBE.

198. Qu'entend-on par *modifications* du verbe? — Combien y en a-t-il ? — 199. Qu'est-ce que la *personne* ? — 200. Qu'est-ce que le *nombre* dans le verbe? — 201. Avec quoi et comment s'accorde le verbe ? — Expliquez quelques exemples.

PROCÉDÉ : Pendant que l'élève analyse, de vive voix, le *nom,* l'*article*, l'*adjectif*, le *pronom* et les différentes sortes de *verbes,* le maître lui fait souligner, sur cahier, la *personne* et le *nombre*, de cette manière : Sous le trait il met 1. *p. s.*, pour la *première* personne du singulier ; 1. *p. pl.*, pour la *première* personne du pluriel ; 2. *p. s.,* pour la *seconde* personne du singulier ; 2. *p. pl.*, pour la *seconde* personne du pluriel ; 3. *p. s.* pour la *troisième* personne du singulier, et 3. *p. pl.* pour la *troisième* personne du pluriel. L'élève peut aussi donner ces indications au bout de la ligne, en écrivant son devoir en autant de lignes qu'il y a de verbes à un mode *personnel.* (209).

209. LA VÉRITÉ.

La vérité, cette lumière du ciel, est la seule chose icibas qui soit digne des soins et des recherches de l'homme. Elle seule est la lumière de notre esprit, la règle de notre cœur, la source des vrais plaisirs, le fondement de nos espérances, la consolation de nos craintes, l'adoucissement de nos maux, le remède de toutes nos peines ; elle seule est la source de la bonne conscience, la terreur de la mauvaise, la peine secrète du vice, la récompense intérieure de la vertu ; elle seule immortalise ceux qui l'ont aimée, illustre les chaînes de ceux qui souffrent pour elle, attire

des honneurs publics aux cendres de ses martyrs et de ses
défenseurs, et rend respectables l'abjection et la pauvreté
de ceux qui ont tout quitté pour la suivre ;

210. enfin, elle seule inspire des pensées magnanimes,
forme des âmes héroïques, des âmes dont le monde n'est
pas digne, des sages seuls dignes de ce nom. Tous nos
soins devraient donc se borner à la connaître; tous nos
talents à la manifester, tout notre zèle à la défendre ; nous
ne devrions donc chercher dans les hommes que la vérité,
et ne souffrir qu'ils voulussent nous plaire que par elle ;
en un mot, il semble qu'il devrait suffire qu'elle se montrât à nous pour se faire aimer, et qu'elle nous montrât à
nous-mêmes , pour nous apprendre à nous connaître.
(*Massillon*).

LES NIDS D'OISEAUX.

211. Je sens toujours de l'indignation contre ceux qui
vont lâchement dérober des nids d'oiseaux ; lorsque je
pense combien de voyages ont faits ces pauvres créatures,
pour rassembler tous les matériaux qui leur étaient nécessaires, et quelle a dû être la difficulté de leur travail, sans
autres instruments, pour bâtir, que leurs becs et leurs
pattes.

Nous n'aimerions pas à être chassés d'une bonne maison bien close et bien commode, quoique peu d'entre
nous eussent l'adresse d'en construire... Pour moi, je ferais volontiers le sacrifice d'une partie de mes fruits pour
leur musique ; et je ne voudrais pas tuer ce merle joyeux
qui chante si gaîment dans le verger, même quand il devrait manger toutes mes cerises.

212. Vous avez un serin de Canarie dans votre cage,
Charlotte ; j'espère que vous aurez soin de le tenir propre
et de le bien nourrir. Il n'a jamais connu le prix de la liberté; ainsi il n'éprouve point le regret de l'avoir perdue.
Au contraire, si vous lui donniez la volée, il mourrait
peut-être de faim, faute de la nourriture qu'il aime. De
plus, il ne pourrait pas résister aux rigueurs de l'hiver,
parce qu'il est d'une espèce qu'on a transportée d'un
pays beaucoup plus chaud que le nôtre.

213. Mais, si vous preniez un pauvre oiseau accoutumé

à voler dans les bois, à sautiller de branche en branche, à gazouiller dans l'épaisseur des buissons, il commencerait d'abord à se tourmenter, à se frapper la tête contre les barreaux de la cage ; enfin, lorsqu'il verrait qu'il ne peut sortir, il irait se tapir tristement dans un coin ; il refuserait de manger et de boire, jusqu'à ce que la faim et la soif l'y obligeassent à la dernière extrémité, et il mourrait peut-être avant d'avoir pu s'accoutumer à sa prison.

(Continuez cet exercice sur d'autres morceaux, jusqu'à ce que l'élève se rende un compte exact de ce qu'il fait).

202. Qu'entend-on par *mode* dans un verbe? — 203. Combien y a-t-il de modes? — 204. Que marque le mode *Infinitif*? — 205. Qu'est-ce qu'annonce le mode *Indicatif*? — 206. ... le mode *Conditionnel*? — 207. ... le mode *Impératif*? — 208. ... le mode *Subjonctif*? — 209. Qu'entendez-vous par mode *impersonnel*? — ... par modes *personnels*? — Combien y en a-t-il et quels sont-ils? — 210. Qu'est-ce que le *Temps* dans un verbe? — 211. En combien de parties principales se divise la durée? — 212. Combien y a-t-il de temps *principaux*? — Comment appelle-t-on les autres temps? — 213. Combien compte-t-on de temps pour le *Présent*? — Pourquoi? — 214. Combien y a-t-il de temps pour le *Passé*? — Quels sont-ils? — 215. Combien le *Futur* comprend-il de temps? — Quels sont-ils? — 216. Combien de temps pour les trois époques? — 217. 1° Que marque le temps appelé *présent*? — 217. 2° Que signifie le temps appelé *imparfait* ou *passé simultané*? — ... le *passé défini*? — ... le *passé indéfini*? — ... le *passé antérieur*? — ... le *plus-que-parfait*? — 217. 3° Que marque le *futur simple* ou *absolu*? — ... le *futur antérieur*? — 218. Quelle autre division des temps considère-t-on dans un verbe? — 219. Qu'entend-on par temps *simples*? — — Combien y en a-t-il? — Dites-les. — 220. Qu'entendez-vous par temps *composés*? — Combien y en a-t-il? — Dites-les. — 221. Dites les temps que comporte chaque mode.

PROCÉDÉ : Ici, indépendemment des parties qui précèdent le verbe, l'élève analyse, de vive voix, la *personne*, le *nombre*, le *temps* et le *mode* de chaque verbe, en indiquant l'*espèce* et la *conjugaison*. Sur cahier, il écrit autant de lignes qu'il y a de verbes, et, au bout de chacune, il désigne l'*espèce*, la *conjugaison*, le *temps* et le *mode* de chaque verbe.

214. Haïr est un tourment; aimer est un besoin de l'âme. (*de Ségur*).

Il n'y a pour l'homme que trois événements, naître, vivre et mourir : il ne se sent pas naître, il souffre à mourir, et il oublie de vivre. (*La Bruyère*).

Tous les peuples sont frères et doivent s'aimer comme tels. (*Fénélon*).

Bien écouter et bien répondre est une des plus grande perfections que l'on puisse avoir dans la conversation. (L Rochefoucault).

« Il aime la paix; il blame tous les excès; il jouit de heureux changements qui viennent de s'opérer. »(Wailly)

L'abbé de Saint-Pierre prouvait que la devise de l'homm vertueux est renfermée dans ces deux mots : donner e pardonner. (D'Alembert).

215. L'ennui naquit un jour de l'uniformité. (de L Motte).

« Quand je reconnus mon erreur, je fus honteux de mauvais procédés que j'avais eus à son égard. »(Restaut)

Tout le monde criait pour la liberté et la justice; mai on ne savait point ce que c'est que d'être libre et juste. (Voltaire).

On se résigne aisément à souffrir un mal que tous le autres endurent. (Sénèque).

La modération que le monde affecte n'étouffe pas le mouvements de la vanité; elle ne sert qu'à les cacher. (Bossuet).

C'est une question sur laquelle nous nous abstiendron de prononcer. (D'Alembert).

216. On croit faire grâce à des malheureux quand on n'achève pas de les opprimer. (Fléchier).

Vous respecterez vos parents; vous ne mentirez pas. (Wailly).

Votre frère m'a assuré que vous irez à la campagne au commencement du printemps prochain. (Restaut).

Nous goûterions bien des jouissances, si nous savions faire un bon usage de notre temps. (Restaut).

Il n'eût pas mis son ouvrage au jour, s'il n'eût pas cru qu'il pût être utile. (Restaut).

J'aimerais que l'on travaillât à former le cœur et l'esprit de la jeunesse; ce devrait être le principal but de l'éduca-tion. (Restaut).

217. Soulagez la vertu malheureuse; les bienfaits bien appliqués sont les trésors de l'honnête homme. (Lévizac).

Adorons dans nos maux le Dieu de l'univers. (Voltaire).

Votre cousin est très modeste, quoiqu'il soit très ins-truit; je désire que vous en fassiez votre ami. (Lévizac).

Nous ne cachetterons pas cette lettre que vous ne l'ayez lue. (*Restaut*).

Je voudrais que vous eussiez terminé cette affaire, quand je reviendrai. (*Restaut*).

Je tremble, j'appréhende, je crains, j'ai peur qu'il ne vienne. (*Féraud*).

218. Si l'âme avait songé qu'elle est l'image de Dieu, elle se serait tenue à lui, comme au seul appui de son être. (*Bossuet*).

L'homme, pour qui tout renaît, sera-t-il le seul qui meure pour ne jamais revivre? (*Le Tourneur*).

Non, s'il vous plaît, je n'entends pas que vous fassiez de dépense, et que vous envoyiez rien acheter pour moi. (*Molière*).

L'évangile est le plus beau présent que Dieu ait pu faire aux hommes. (*Montesquieu*).

Il n'y a rien qui rafraîchisse le sang comme une bonne action. (*La Bruyère*).

Périssent les muses qui trafiquent du mensonge et de la gloire avec les maîtres du monde! (*Gilbert*).

219. Il faut que celui qui parle se mette à la portée de ceux qui l'écoutent, et que celui qui écrit ait dessein de se faire comprendre de ceux qui lisent ses ouvrages. (*Restaut*).

Il faudra qu'ils se rendent à la force de la vérité, quand ils auront permis qu'elle paraisse dans tout son jour. (*Wailly*).

Je n'ai jamais trouvé personne qui m'ait assez aimé pour vouloir me déplaire en me disant la vérité tout entière. (*Fénélon*).

Il suffit qu'un habile homme n'ait rien négligé pour faire réussir une entreprise : le mauvais succès ne doit pas diminuer son mérite. (*Lévizac*).

Trajan avait pour maxime qu'il fallait que ses concitoyens le trouvassent tel qu'il eût voulu trouver l'empereur, s'il eût été simple citoyen. (*Bossuet*).

220. Les Romains ne voulaient point de batailles hasardées mal à propos, ni de victoires qui coûtassent trop de sang. (*Bossuet*).

Tous les gouvernements étaient vicieux avant que la

suite des siècles, et en particulier le christianisme, eussent adouci et perfectionné l'esprit humain. (*L'abbé Terrasson*).

Il a fallu que vous ayez travaillé seul contre un roi et contre tout son peuple pour le corriger. (*Fénelon*).

Dieu a entouré les yeux de tuniques fort minces, transparentes au-devant, afin que l'on puisse voir à travers. (*D'Olivet*).

Il a fallu que mes malheurs m'aient instruit, pour m'apprendre ce que je ne voulais pas croire. (*Fénelon*).

(Il sera utile de faire continuer cet exercice sur d'autres morceaux).

DU VERBE *avoir* ET DU *verbe* ÊTRE.

222. Dans quel cas les verbes *avoir* et *être* sont-ils *auxiliaires?* — A quoi reconnaît-on qu'ils sont auxiliaires? — 223. Dans quel cas *avoir* est-il un verbe *actif?* — 224. Que devient le verbe *être*, quand il cesse d'être auxiliaire? — 225. A quelles espèces de verbes *avoir* sert-il d'auxiliaire? — 226. De quelles espèces de verbes *être* peut-il être l'auxiliaire? — 227. Qu'y a-t-il à dire sur l'auxiliaire des verbes *pronominaux?*

PROCÉDÉ: L'élève soulignera seulement les deux verbes *auxiliaires*; et, de vive voix, il dira à quelle espèce de verbe *avoir* ou *être* sert d'auxiliaire. (225, 226). Il va sans dire qu'il analyse également tout ce qu'il sait jusqu'à ce point de l'analyse.

Pour cet exercice, l'élève peut revoir et recopier les morceaux qui précèdent, n°ˢ 192 à 220.

DE LA CONJUGAISON DES VERBES.

228. Qu'entend-on par conjuguer un verbe? — 229. Combien compte-t-on de conjugaisons ou classes de verbes? — Par quoi les distingue-t-on entre elles? — 230. A quoi reconnaît-on la *première* conjugaison? — ... la *seconde?* — la *troisième?* — ... la *quatrième?* — 231. Quels sont les deux éléments essentiels d'un verbe quelconque? — 232. Qu'est-ce que le *radical?* — Qu'est-ce que la *terminaison?* — 233. Comment obtient-on le radical dans les quatre conjugaisons? — Donnez des exemples. — 234. Par quels verbes faut-il commencer la conjugaison? — Pourquoi?

PROCÉDÉ: Pendant que l'élève analyse, de vive voix, tout ce qu'il sait jusqu'aux verbes compris, on lui fait souligner, 1° les verbes de la première conjugaison, 2° ceux de la seconde, 3° ceux de la troisième, 4° ceux de la quatrième. Pour cela, on peut lui faire copier quelques-uns des morceaux ci-dessus.

Quand ces exercices se font sans fautes, on lui fait écrire le *radical* seulement, puis la *terminaison* seulement. (231 à 234).

Soulignez le radical *dans ce qui suit :*

(En copiant ce devoir, laissez une ligne supplémentaire; et, au-dessous de chaque mot, écrivez le *radical* seulement).

221. Aborder, annoncer, amener. Découvrir, fournir. Recevoir, perdre, entendre. Bouder, courir, apercevoir, tromper, étourdir, vendre. Amasser, charger, dégarnir, percevoir, prétendre, mordre. Chanter, étudier, remuer, orthographier, nettoyer, devoir. Mourir, priver, danser, concevoir, peindre, éternuer, s'engouer. Craindre, piquer, garnir, attaquer, distinguer, redevoir, agréer, salir, dégénérer. Blanchir, feindre, forcer, créer, appuyer, gémir, rompre, corrompre, rire.

222. Je casserai, tu avais ramassé, il déjeunerait, nous finîmes, vous goûtâtes, ils aimaient, elle adorait, nous manquons, elles mangent. J'abandonne, tu écrases, il finira, elle travaille, nous recevons, vous perdez, ils boudent, elles engraissent. Je trompais, tu fournis, il perçut, elle a rendu, nous eûmes défendu, vous avez changé, ils annonceront, elles auront nettoyé. J'orthographierais, tu aurais continué, il eût étudié, étale, que nous remuions, que vous éternuassiez, qu'ils aient aperçu, qu'elles eussent interrompu.

223. Remuant, avoir essayé, ayant cassé. Je m'ennuie, tu te trompes, elle se fatiguait, nous éternuions, vous rendîtes, ils ont créé, elles eurent rompu. J'avais préparé, tu serreras, il aura ménagé, elle créerait, nous aurions réuni, vous eussiez réclamé, ils attendriraient, elles muniront. Applaudis, poursuivons, remuez. Que je rougisse, que tu amassasses, qu'il ait joué, qu'elle eût agréé, que nous eussions provoqué. Je remue, tu perds, il dégarnit, il aperçoit, nous sollicitons, vous agissez, ils conçoivent, elles gémissent.

Soulignez la terminaison *dans ce qui suit :*

224. En grandissant, payant, recevant, pardonnant. Je regrette, tu blanchis, il conçoit, elle conjugue, nous éternuons, vous dépendez, ils subjuguent, elles répondent. Je concevais, tu congédiais, il chassait, elle s'évanouissait, nous appréciions, vous peignez, ils accusaient, elles remuaient. J'adoucis, tu reçus, il tordit, elle avoua, nous tondîmes,

vous nettoyâtes, ils s'essuyèrent, elles dégénèrent. J'ai
amoindri, tu as confondu, il a menti, nous avons prétendu,
vous avez distribué, ils ont choisi, elles eurent guéri. Je ré-
pondrai, tu attendriras, il secouera, elle mordra, nous
recevrons, vous aurez répandu, ils promettront, elles auront applaudi.

225. Je choisirais, tu remercierais, il avouerait, elle
agréerait, nous avancerions, vous concevriez, ils amoin-
driraient, elles apercevraient. J'aurais travaillé, tu aurais
aboli, il eût aperçu, elle aurait guéri. Distribue, unissons-
nous, concevez-vous ? Que je regarde, que tu reçoives,
qu'il s'endurcisse, qu'elle convertisse, que nous purifiions,
que vous attribuiez, qu'ils s'attendrissent, qu'elles reçoi-
vent. Que je balayasse, que tu croisasses, qu'il bâtît, qu'elle
priât, que nous remerciassions, que vous certifiassiez, qu'ils
concussent, qu'elles attendissent.

226. DU VERBE *avoir.*

235. Récitez le verbe *avoir* au participe *présent.* — à l'*imparfait*
de l'Indicatif, — au *futur simple.* — au *présent* du Subjonctif. —
au passé *indéfini.* — au *plus-que-parfait* de l'Indicatif, etc.

PROCÉDÉ : Le maître s'assure, de cette manière, si le verbe *avoir*
est bien su. Puis il fait refaire le verbe en exigeant un nom au bout
de chaque personne. Ce nom se met au singulier pour un temps, et
au pluriel pour un autre. Afin qu'un même nom ne revienne pas
toujours à la même *personne* du verbe, on en prend cinq, ou sept,
ou huit. (Un *oiseau*, un *cheval*, une *montre*, un *bijou*, un *sou.* —
Un *hibou*, un *clou*, du *corail*, un *singe*, un *écureuil*, un *moineau*,
un *bœuf*, — etc.).

227. DU VERBE *être.*

236. Récitez le verbe *être* au *participe passé.* — au *passé* de l'Infinitif. — au *passé indéfini.* — au futur *antérieur.* — au *second
passé* du Conditionnel, etc.

PROCÉDÉ : Après s'être assuré que le verbe *être* est bien su, le
maître le fait refaire en exigeant un *adjectif* au bout de chaque personne. Le verbe sera tantôt pour le *masculin*, tantôt pour le *féminin*, afin que l'adjectif varie en genre et en nombre. Voici quelques-
uns des adjectifs qu'on peut employer par cinq, en les faisant changer, au besoin, à chaque mode : *Attentif, ingrat, gai, heureux,
docile.* — *Musicien, studieux, discret, inquiet, vieux.* — *Léger,
gras, doux, fou, actif.* — *Frais, malin, franc, majeur, boudeur.*

VERBES RÉGULIERS.

228. CONJUGAISON DES VERBES ACTIFS. (183).

Qu'entend-on par verbes *réguliers?* (233). — Qu'est-ce qu'un verbe *actif?* (183). — A quoi reconnaît-on qu'un verbe est de la première conjugaison? (230). — Quel est le modèle de la première conjugaison? (237).

Première conjugaison (237).

PROCÉDÉ : Pendant que l'analyse se continue, de vive voix, jusqu'aux verbes compris, le maître donne pour devoir écrit, les exercices suivants sur la conjugaison et l'orthographe des verbes :

L'élève conjugue cinq verbes à la fois dans l'espace d'un seul, c'est-à-dire qu'il change de verbe à chaque personne. *Exemple :*

Armer. — Broder. — Commander. — Dévorer. — Frotter.

INDICATIF. *Présent.* J'arme, tu brodes, il commande, nous dévorons, vous frottez, ils arment. *Imparfait.* Je brodais, tu commandais, il dévorait, nous frottions, vous armiez, ils brodaient. *Passé défini.* Je commandai, tu dévoras etc.

L'élève conjuguera dans l'ordre des temps primitifs (244), savoir :

1° Infinitif.	3° Participe passé.	Passé du Conditionnel.
Futur simple.	Passé de l'Infinitif.	Second passé du Cond.
Conditionn. simp.	Part. passé (*ayant..*)	Passé du Subjonctif.
2° Participe présent.	Passé indéfini.	Pl.-que-parf. du Subj.
Prés. de l'Ind. (*pl.*).	Passé antérieur.	4° Présent de l'Indicatif.
		Impératif.
Imparf. de l'Indic.	Pl.-q.-parf. de l'Ind.	5° Passé défini.
Présent du subj.	Futur antérieur.	Imparf. du subjonctif.

Conjuguez de cette manière les verbes suivants :

(Le maître exige que l'élève divise chaque verbe en temps primitifs (244), comme à la suite du modèle *donner*).

Armer. — Broder. — Commander. — Dévorer. — Frotter.

229. Apporter. — Chanter. — Diviser. — Former. — Gagner.

230. Habiller. — Irriter. — Livrer. — Montrer. — Noter.

231. Avouer. — Distribuer. — Dénouer. — Secouer. — Trouer.

232. Gonfier. — Défier. — Initier. — Manier. — Purifier.

233. Créer. — Récréer. — Agréer. — Gréer. — Suppléer.

234. *Seconde conjugaison.* (238).

A quoi reconnaît-on qu'un verbe est de la seconde conjugaison ? (230). — Quel est le modèle de la seconde conjugaison ? (238). Conjuguez comme ci-dessus (228 à 233), les verbes suivants :

Attendrir. — Divertir. — Murir. — Réunir. — Subir.

235. Endurcir. — Assouvir. — Noircir. — Ensevelir. Franchir.

236. *Troisième conjugaison.* (239).

Comment sont terminés les verbes de la troisième conjugaison ? (230). — Quel est le modèle de la troisième conjugaison ? (239). Conjugez comme ci-dessus (228 à 235), les verbes suivants :

Concevoir. — Apercevoir. — Devoir. — Percevoir. — Redevoir.

237. *Quatrième conjugaison.* (240).

Par quoi se distingue la quatrième conjugaison ? (230). — Quel est le modèle de la quatrième conjugaison ? (240). Conjuguez comme ci-dessus (228 à 236), les verbes suivants :

Étendre. — Détendre. — Refendre. — Revendre. — Détordre.

238. *Autre manière de conjuguer.*

Divisez votre cahier en deux colonnes : dans celle de gauche vous mettrez tous les temps *simples* (219), et dans celle de droite, les temps *composés* (220).

Verbes à conjuguer ainsi :

Arracher. — Arroser. — Conjuguer. — Planter. — Souffler.

239. Bâtir. — Fléchir. — Pétrir. — Étourdir. — Approfondir.

240. Apercevoir. — Concevoir. — Refondre. — Perdre. — Remordre.

241. *Terminaison dans la conjugaison.* (241).

Quelles sont les terminaisons de l'Infinitif dans les quatre conjugaisons? (241). — Quelles sont celles du participe *présent?* (241). — ... celles du participe passé? — ... celles du *présent* de l'Indicatif? etc. etc.

PROCÉDÉ: **Le maître** insiste sur ces questions importantes, et force ainsi l'élève à reconnaître qu'en mettant un radical régulier avant ces terminaisons, on obtient une conjugaison exacte, parfaite.

242. *Temps* primitifs *et temps* dérivés.

Qu'entendez-vous par temps *primitifs?* (242). — ... par temps *dérivés?* (243). — Combien y a-t-il de temps primitifs? (244). — Dites-les. — 1º Quels temps forme le présent de l'Infinitif? — Comment se forme le *futur simple?* (246). — Comment se forme le Conditionnel *simple?* (247). — 2º Quels sont les temps que forme le participe *présent?* — Comment se forment les trois personnes plurielles du *présent* de l'Indicatif? (248). — Quelle est l'exception? — Comment se forme l'*imparfait* de l'Indicatif? (249). — ... le *présent* du Subjonctif? (250). — 3º Quels temps forme le participe *passé?* (251). — Comment se forment les temps *composés?* (251). — Quel temps forme le *présent* de l'Indicatif? — Comment se forme l'Impératif? (252). — 5º Quel temps forme le *passé défini?* — Comment se forme l'*imparfait* du Subjonctif? (253).

(Nous avons indiqué plus haut (228 à 237), comment on conjugue dans l'ordre des temps primitifs).

243. *Verbes conjugués interrogativement.*

Dans quel cas un verbe est-il employé sous la forme interrogative? (256). — Comment conjugue-t-on un verbe sous cette forme? — Que faut-il faire quand le verbe, à la troisième personne du singulier, se termine par un *a* ou par un *e* muet? — Comment appelle-t-on la lettre *t*, dans ce cas? (256). — Quels sont les seuls modes qui s'emploient sous la forme interrogative? (257). — 2º Dans quels temps l'*e* muet qui termine la première personne du singulier se change-t-il en *é* fermé?

(Conjuguez interrogativement les verbes qui suivent les nᵒˢ 228 à 240, ci-dessus).

244. *Verbes conjugués négativement.*

Comment conjuguez-vous un verbe sous la forme négative? (258). A quels modes s'applique cette forme? (258).

Conjuguez sous cette forme les verbes suivants :

Amasser. — Trouver. — Tromper. — Traverser. — Certifier.

245. Appauvrir. — Appliquer. — Nourrir. — Affranchir. — Ternir.

246. Apercevoir. — Recevoir. — Refondre. — Répandre. — Perdre.

247. *Conjugaison* interrogative et négative.

De quoi se compose la conjugaison *interrogative* et *négative*? (259). — A quels modes s'applique-t-elle? (259).
Conjuguez ainsi quelques-uns des verbes ci-dessus (228 à 246).

248. Observations sur certains verbes.

Première conjugaison.

Qu'y a-t-il à observer sur les verbes terminés en *cer*? (260). — ... sur les verbes en *gér*, comme *ménager*? (261). — ... sur les verbes dont la dernière syllabe, à l'*Infinitif*, est précédée d'un *e* muet, comme *lever*? (262). — ... sur les verbes dont la dernière syllabe est précédée d'un *é* fermé, comme *espérer*? (263). — sur les verbes terminés en *éger*, comme *abréger*? (264). — ... sur les verbes terminés en *eler*, en *eter*, comme *appeler, jeter*? (265). — ... sur les verbes en *éler*, en *éter*, comme *révéler, répéter*? (265, *obs.*). — ... sur les verbes dont le participe présent est en *yant*, comme *ployer, fuir*? (266). — ... sur le verbe *grasseyer*? (266, R. 1°).
Conjuguez ainsi les verbes suivants sous les quatre formes (Gr., 237 à 240, 256, 258 et 259), mais en changeant de verbe à chaque forme :

Amorcer. — Menacer. — Percer. — Devancer.

249. Plonger. — Corriger. — Encourager. — Déranger.

250. Mener. — Semer. — Ramener. — Relever.

251. Célébrer. — Compléter. — Digérer. — Tolérer.

252. Assiéger. — Abréger. — Alléger. — Protéger.

253. Harceler. — Amonceler. — Renouveler. — Peler.

254. Empaqueter. — Feuilleter. — Fureter. — Étiqueter.

255. Céler. — Révéler. — Inquiéter. — Répéter (comme ci-dessus 251).

256. Ennuyer. — Déployer. — Effrayer. — Tutoyer.

Seconde conjugaison.

Qu'y a-t-il à observer sur le verbe *bénir*? (267). — ... sur le verbe *haïr*? (268). — ... sur le verbe *fleurir*? (269). — ... sur certains verbes tels que dormir, mentir, partir, sentir, servir, etc? (270).

Conjuguez les trois verbes *bénir, haïr, fleurir.*

Troisième conjugaison.

Qu'y a-t-il à dire sur les verbes *devoir* et *redevoir ?* (271). — Quels verbes se conjuguent sur *recevoir ?* — Que sont les autres verbes de cette conjugaison ? (272).

Quatrième conjugaison.

Qu'y a-t-il à dire des verbes terminés en *indre* et en *soudre,* comme *craindre, peindre, absoudre ?* (273). — ... sur les verbes en *aître* et en *oître ?* — ... sur l'emploi de l'accent circonflexe dans ces verbes? (274). — ... sur les verbes *suivre, vivre,* et sur leurs composés *poursuivre, survivre,* etc.? (275). — ... sur les verbes *battre, mettre, vaincre,* et leurs composés *combattre, remettre, convaincre,* etc.? (276).

CONJUGAISON DES VERBES PASSIFS. (186).

De quoi se compose le verbe passif? (277). — Que devient le participe passé dans ces sortes de verbes ? (278).

257. Conjuguez, sur le modèle *être aimée* (279), mais au genre *féminin,* les verbes suivants :
Être préparée. — Être punie. — Être aperçue. — Être entendue.

258. Conjuguez avec interrogation et au *féminin :*
Être privée. — Être adoucie. — Être émue. — Être surprise.

259. Conjuguez négativement les verbes :
Être abandonné. — Être endurci. — Être vu. — Être compris.

260. Conjuguez interrogativement et négativement :
Être trompé. — Être sali. — Être perçu. — Être défendu.

CONJUGAISON DES VERBES NEUTRES. (188).

Qu'y a-t-il à dire sur la conjugaison des verbes *neutres?* (280). — Quel auxiliaire prennent-ils ? (281). — Comment se conjuguent ceux qui prennent l'auxiliaire *avoir ?* — Que dites-vous du participe *passé,* dans ce cas? (282).

261. Conjuguez les verbes suivants, aux temps simples d'un côté et aux temps composés de l'autre, en changeant de forme pour chacun (237 à 240 et 256 à 259) :

Voyager (264). — *Verdir.* — *Pourvoir* (299). — *Suffire* ; *parler*, etc.

Qu'y a-t-il à dire sur les verbes neutres qui prennent l'auxiliaire *être ?* (284).

262. Conjuguez quelques-uns des verbes neutres qui prennent l'auxiliaire *être* (284), et employez tantôt une forme, tantôt une autre (237 à 259).

CONJUGAISON DES VERBES PRONOMINAUX. (491 et 285 à 288).

Qu'y a-t-il à observer sur la conjugaison de ces verbes ? (285). — Comment se conjuguent-ils dans les temps *simples ?* (286). — Que dites-vous des temps composés ? (287). — L'Infinitif est-il précédé de deux pronoms également ? (*Rem.* 1°). — Qu'y a-t-il à remarquer sur l'Impératif ? (*Rem.* 2°).

263. Conjuguez, comme ci-dessus, les verbes suivants : *S'ennuyer.* — *S'évanouir.* — *S'apercevoir.* — *Se défendre*, etc.

Qu'entendez-vous par verbes *pronominaux-actifs ?* (289). — ... par verbes *pronominaux-neutres ?* (289). — Que devient le participe des verbes pronominaux-neutres qui prennent *avoir ?* (290). — Que devient le participe des verbes pronominaux-neutres qui prennent l'auxiliaire *être ?* (291). Que devient le participe des verbes *essentiellement* pronominaux ? (292).

CONJUGAISON DES VERBES UNIPERSONNELS.

Qu'y a-t-il à dire sur la conjugaison des verbes *unipersonnels ?* — ... sur le *sujet* de ces verbes ? (293).

264. Conjuguez le verbe *neiger* au *présent de l'Indicat.* ; à l'*imparf. de l'Indicat.* ; à l'*imparf. du Subjonct.* ; au *part. passé* ; au *futur* ; au *passé défini.*

Conjuguez aux autres temps les verbes *y avoir et pleuvoir*, etc.

VERBES IRRÉGULIERS ET VERBES DÉFECTIFS.

Qu'entend-on par verbes *irréguliers ?* (294). — Dans quelles espèces de temps un verbe peut-il être irrégulier ? (295). — Qu'entendez-vous par verbes *défectifs ?* — Donnez et expliquez des exemples. (296).

265. Conjuguez les verbes *irréguliers* et les verbes *dé-*

fectifs qui se trouvent dans les tableaux (nᵒˢ 297 à 300), et employez tantôt une forme, tantôt une autre, comme ci-dessus.

CHAPITRE VII. — MOTS VARIABLES. (V. Gr , 31).

DU PARTICIPE. — (V. Gr., 301 à 314).

301. Qu'est-ce que le *participe?* — 302. Quand tient-il du *verbe?* — (303). Quand tient-il de l'*adjectif?* — 304. Combien y a-t-il de sortes de participes? — 305. Qu'est-ce que le participe *présent?* — 306. Pourquoi l'appelle-t-on présent? — 307. Dans quel cas le qualificatif en *ant* est-il adjectif *verbal?*—308. Qu'est-ce que le participe *passé?* — Dans quel cas est-il invariable? — 309. Dans quel cas ce participe varie-t-il?

PROCÉDÉ : L'élève analysera, de vive voix, toutes les parties du dis-cours jusqu'au participe passé compris, et, sur cahier, il ne soulignera que le participe *présent* et le participe *passé*. Quand il rencontrera un qualificatif en *ant* ou en *ante*, marquant l'état, il l'indiquera comme adjectif *verbal* et non comme *participe*.

266. C'est une personne d'un caractère doux, ne gron-dant, ne contredisant, ne désobligeant jamais. (*Bescher*).

La mer mugissante, ressemblait à une personne qui, ayant été longtemps irritée, n'a plus qu'un reste de trou-ble. (*Fén.*).

En le laissant ainsi maître de ses volontés, vous ne fo-mentez point ses caprices. (*J.-J. Rousseau*).

> Comme une lampe d'or dans l'azur suspendue,
> La lune se balance au bord de l'horizon ;
> Ses rayons affaiblis dorment sur le gazon. (*Lamart.*).

Les rois sont gouvernés par la raison d'état. (*Delille*).

Les grands pins, gémissant sous les coups des haches, tombent en roulant du haut des montagnes. (*Fén.*).

267. On n'entendit plus les coups des terribles mar-teaux qui, frappant l'enclume, faisaient gémir les profon-des cavernes de la mer et les abîmes de la mer. (*Fén.*).

Les dieux ont attaché presque autant de malheurs à la liberté qu'à la servitude. (*Montesquieu*).

L'empereur commençait à redouter l'autorité croissante des pontifes romains. (*de Ségur*).

Les affaires que vous avez prévu que vous auriez, sont-elles terminées? (*Beauzée*).

Je lui ai lu mon épitre très posément, jetant dans ma lecture toute la force et tout l'agrément que j'ai pu. (*Boil*).

268. Il entend les serpents, il croit les voir rampant autour de lui. (*Fén.*).

Que de pertes nous ont coûtées les orages nombreux qu'il y a eu cette année!

Les chaleurs excessives qu'il a fait ont causé beaucoup de maladies. (*Condillac*).

Toutes les planètes, circulant autour du soleil, paraissent avoir été mises en mouvement par une impulsion commune. (*Buffon*).

Lorsque le gouvernement fut devenu monarchique, on laissa cet abus, à cause des inconvénients qu'il y aurait eu à le changer. (*Vertot*).

> Tel enfin, triomphant de sa digue impuisante,
> Un fier torrent s'échappe; et l'onde mugissante
> Traîne. . . . . (*Delille*).

RÈGLES GÉNÉRALES SUR LE PARTICIPE PASSÉ.

310. Que devient le participe *passé* employé sans *auxiliaire*, ou seulement avec l'auxiliaire *être*? — 311. Que devient-il lorsqu'il est employé avec l'auxiliaire *avoir*? — Par quoi est exprimé le complément direct qui précède le participe, dans ce cas? — 312. Que devient le participe *passé*, quand le complément est après lui dans une phrase? — 313. Qu'y a-t-il à observer, lorsque le participe *passé* est suivi d'un Infinitif? — Quel est le moyen mécanique de savoir si le complément *direct* appartient au participe, ou à l'*Infinitif*? — 314. Qu'y a-t-il à dire sur certains participes tels que *excepté, passé, supposé, vu,* etc.?

PROCÉDÉ : L'élève continuera à souligner les participes, jusqu'à ce qu'il les distingue avec facilité, et fera son analyse de vive voix sur tout ce qui les précède. A l'aide des règles ci-dessus (310 à 314), il corrigera les fautes que ces participes renferment ; ce devoir pourra se faire à part des exercices ordinaires. Dans les exercices suivants, les participes sont tous écrits comme invariables : c'est à l'élève à leur donner le *genre* et le *nombre* que prescrivent les règles ci-dessus.

269. Les méchants ont bien de la peine à demeurer uni.

(*Fén.*).

Que de remparts détruit, que de ville forcé,

Que de moissons de gloire en courant amassé ! (*Boil*.)

Mon père, obligé de faire un long voyage, sera sans doute très affecté de notre séparation. (*Gir.-Duv.*).

Si Dieu nous a distingué des autres animaux, c'est surtout par le don de la parole. (*Quintilien*).

Les meilleures louanges sont celles que le cœur a dicté. (*Marmontel*).

Quel plaisir d'aimer la religion, et de la voir soutenu par les Bacon, les Descartes, etc. (*La Bruyère*).

Didon a fondé sur la côte d'Afrique la superbe ville de Carthage. (*Fén.*).

270. Pierre-le-Grand a forcé la nature en tout, mais il l'a forcé pour l'embellir. Les arts qu'ils a transplanté de ses mains dans des pays dont plusieurs alors étaient sauvages, ont rendu témoignage à son génie et éternisé sa mémoire. (*Voltaire*).

Il y a de certaines bornes que la nature a donné aux états, pour mortifier l'ambition des hommes. (*Montesq.*).

La vertu obscure est souvent méprisé. (*Massillon*).

  Toutes les dignités que tu m'as demandé,
Je te les ai sur l'heure et sans peine accordé. (*Corn.*).

Les gens de mérite étaient connu parmi les Perses, et ils n'épargnaient rien pour les gagner. (*Bossuet*).

La justice et la modération de nos ennemis nous ont plus nui (312) que leur valeur. (*Marmontel*).

271. Nous sommes enfin venu (310) à ce grand empire qui a englouti tous les empires de l'Univers, d'où sont sorti (310) les plus grands royaumes du monde que nous habitons. (*Bossuet*).

Il a retrouvé les deux enfants qu'il avait tant pleuré. (311. — *Bescher*).

L'évêque de Meaux a créé (312) une langue que lui seul a parlé. (311. — *Châteaubriand*).

Je considère moi-même les périls extrêmes et continuels qu'a couru (311) cette princesse. (*Bossuet*).

  Les chrétiens en naissant
Sucent avec le lait la haine du croissant.
Et Dieu les a maudit. (311. — (*Barthél.*).
Je me défendrai mal ; l'innocence opprimé,
Ne peut imaginer qu'elle soit soupçonné. (*Corn.*).

La reine a été bien aise de cette nouvelle que l'on a su (311) par un courrier du duc de Grammont. (*Racine*).

272. Ses chevaux fougueux ne sentant plus sa main dé-

faillante, et les rênes flottant sur leur cou, l'emportent çà et là. (*Fén.*).

Les Grecs étaient généralement persuadé (310) que l'âme est immortelle. (*Barthél.*).

Saturne eut trois fils qui se sont partagé (312) le domaine de l'Univers. (*Barthél.*).

Elles se sont trouvé (311) aux Carmélites et la réconciliation s'est fait. (*Mme de Sévigné*).

Quelques-uns de nos auteurs modernes se sont imaginé (312) qu'ils surpassaient les anciens. (*Bescher*).

Je me flatte de deux choses que l'on a cru (311) longtemps impossibles. (*Voltaire*).

273. Hippomaque, parent d'Idoménée, qui aspirait à lui succéder, lâchant les rênes à ses chevaux fumants de sueur, était tout penché sur leurs crins flottants. (*Fén.*).

Les Romains s'étaient fait (311) à la discipline. La sévérité de Manlius et l'exemple de Régulus y ont beaucoup contribué. (312. — *Montesquieu*).

Elles se sont donné (311) en spectacle. (*Bescher*).

Ils se sont donné (312) l'un à l'autre une promesse de mariage. (*Molière*).

Ils se sont percé (311) à coups d'épée. (*Bescher*).

Ils se sont percé (312) le ventre. (*Bescher*).

Pour être sûr de la vérité de ces choses, il faut les avoir vu (313) s'accomplir. (*Voltaire*).

274. Mes manuscrits raturé, barbouillé (310), attestent la peine qu'ils m'ont coûté. (311. — *J.-J. Rousseau*).

Cette bataille lui a valu (312) le bâton de maréchal. (*Duv.*).

Ce plaisir lui a coûté bien des regrets. (*G.-Duviv.*).

Elle n'avait que deux filles, elle les a fait (311) religieuses. (*Duclos*).

Je demandai à Narbal, pourquoi les Phéniciens se sont rendu (314) les maîtres du commerce. (*Fén.*).

Il est vrai que Dieu n'a pas révélé (312) ses jugements aux gentils, et qu'il les a laissé (311) errer dans leurs voies. (*Pascal*).

Ils étaient puni (310) pour les maux qu'ils avaient laissé (312) faire sous leur autorité. (*Fén.*).

Mon sujet s'étendant sous ma plume, je l'ai laissé (311) aller sans contrainte. (*J.-J. Rousseau*).

275. Ils avaient été condamné (310) aux peines du Tartare, pour s'être laissé (312) gouverner par des hommes méchants et artificieux. (*Fén.*).

Ces femmes se sont imaginé (312) que ton départ leur laisserait impunité entière. (*Montesquieu*).

J'ai vu la foi des contrats banni, les lois les plus saintes annéanti, toutes les lois de la nature renversé. (310. — *Montesquieu*).

La langue qu'ont écrit (311) Cicéron et Virgile, était déjà fort changé (310) du temps de Quintilien. (*Boileau*).

Vous avez fait une faute (312), vous aurez le courage de la réparer. (*Fén.*).

Je souffre tous les maux que j'ai fait (311) devant Troie, (*Volt.*).

Tous les maux sont venu (310) de la triste Pandore. (*Volt.*).

Quand la raison s'est présenté en Bavière et en Autriche, elle a trouvé deux ou trois grosses têtes à perruque, qui l'ont regardé (311) avec des yeux stupides et étonnés.
(*Voltaire*).

276. Ma patrie, ma famille se sont présenté (311) à mon esprit, et ma tendresse s'est réveillé. (*Montesquieu*).

Les Asiatiques très anciennement civilisé (310), se sont fait (312) une espèce d'art de l'éducation de l'éléphant.
(*Buffon*).

Des enfants de Lévi la troupe partagé,
Dans un profond silence, aux portes s'est rangé. (*Rac.*).

Elle s'est imaginé, elle s'est formé (312) l'idée de pouvoir réussir. (*Bescher*).

A l'injuste Athalie ils se sont tous vendu. (311 — *Rac.*).

Ils se sont vendu (312) les services qu'ils se sont rendu. (311. — *De Montry*).

La mer mugissant, ressemblait à une personne qui, ayant été longtemps irrité... (310. *Fén.*).

Rappelez-vous, Athéniens, les humiliations qu'il vous en a coûté (312) pour vous être laissé (312) égarer par vos orateurs. (*Voltaire*).

277. Et les bergers, loin de secourir leurs troupeaux, fuient tremblants, pour se dérober à sa fureur. (*Fén.*).

Eucharis rougissant et baissant les yeux, demeurait tout interdite. (*Fén.*).

Elle s'est loué de moi (311). — Elle s'est plaint de vous. (311). — Nous nous sommes plaint de vos procédés. (311). — Elles se sont bien réjoui. (311. G.-Duv.).

Les heures que vous avez dormi (312), je les ai passé (311) à lire. (Bescher).

Les poètes épiques se sont toujours plu (312) à décrire les batailles. (J.-J. Rousseau).

La nature a fait (312) les enfants pour être aimé (310) ; mais les a-t-elle fait (311) pour être obéi? (310. J.-J. Rouss.).

278. Les chaleurs qu'il y a eu (312) ne nous ont pas empêché (311) de nous promener dans les allées que vous avez vu (312) planter.

Les mauvais temps qu'il a fait (312) ne nous ont pas permis (312) d'aller voir la cantatrice que vous avez entendu (313) chanter.

C'est une mère que j'ai beaucoup plaint (311) de la perte cruelle qu'elle a fait. (311).

Vu (314) les renseignements que votre père a eu (311) sur votre conduite, vous n'aurez pas la récompense qu'il vous avait promis. (311).

Vous ignorez tous les maux que j'ai craint (311) pour vous ; aussi passé (314) la semaine, je ne vous attendrai plus.

Les peupliers que tu as vu (313) tomber ne peuvent plus être replanté. (310).

Ta conduite vu (314) de tout le monde fait murmurer toutes les personnes que tu as connu. (311).

Une fois les chaleurs passé (314), nous irons visiter les fleurs que nous avons vu (313) naître.

(L'élève expliquera ainsi tous les participes qu'il rencontrera).

CHAPITRE VIII. — MOTS INVARIABLES (V. Gr., 32).

DE L'ADVERBE. — (V. Gr., 315 à 333).

315. Qu'est-ce que l'adverbe ? — 316. Où se place ordinairement l'adverbe? — 317. Comment divise-t-on les adverbes? — 318. Qu'entendez-vous par adverbes simples? — 319. ... par locutions adverbiales? — 320. Citez des adverbes de temps. — 321. ... de lieu. — 322. ... d'ordre, de rang. — 323. ... de quantité, d'extension. — 324. ... de manière. — 325. ... d'interrogation. — 326. ... d'affir-

mation. — 327. ,... de *négation*. — 328. ... de *doute*. — 329. ... de *conclusion*. — 330. ... de *comparaison*, de *ressemblance*. — 331. ... d'*union*, d'*assemblage*. — 332. ... de *division*, de *séparation*. — 333. Expliquez les trois degrés de signification des adverbes et citez-en des exemples.

PROCÉDÉ : L'élève analysera, de vive voix, toutes les parties du discours jusqu'aux *adverbes*, mais il ne soulignera que ces derniers.

279. Henri IV était vraiment digne d'être assis sur le trône de France ; il était continuellement occupé de la prospérité de ses États ; il avait éminemment le caractère d'un bon roi ; son nom vivra très longtemps. (*Dumarsais*).

Il ne faut être ni trop près, ni trop loin, pour être dans un beau point de vue. (*Lévizac*).

Il faut premièrement faire son devoir ; secondement il ne faut prendre que des plaisirs permis. (*Girard*).

Il était dans un état tout-à-fait déplorable. (*Acad.*).

Les yeux admirent d'abord la beauté ; ensuite les sens la désirent ; le cœur s'y livre après. (*Girard*).

Il faut toujours parler le plus sagement, s'énoncer le plus clairement qu'il est possible. (*Gir.-Duviv.*)

280. Cet homme traite bien fièrement ses inférieurs, et parle peu décemment aux femmes. (*Gir.-Duviv.*).

Il est si sage, si bon, qu'il n'a pas son pareil. (*Acad.*).

Plus on remonte dans l'histoire, plus on trouve de peuples qui honoraient un seul Dieu. (*Pluche*).

Que (323) de gens prennent hardiment le masque de la vertu ! (*Scudéri*).

L'âne est de son naturel aussi humble, aussi patient, aussi tranquille, que le cheval est fier, ardent, impétueux. (*Buffon*).

Autant le toucher concentre ses opérations autour de l'homme, autant la vue étend les siennes au-delà de lui. (*J.-J. Rousseau*).

On ne peut juger de la félicité de l'homme, qu'après qu'il a heureusement fourni sa carrière. (*Girard*).

281. Celui qui juge à la hâte juge assez ordinairement mal. (*Wailly*).

Aujourd'hui il fait beau temps, demain il pleuvra. (*Wail.*).

Pourquoi s'enorgueillirait-on de sa naissance, puisqu'elle est un pur effet du hasard. (*Lévizac*).

Trop ambitieux, trop aveugle ministre ! (*Laveaux*).

Alexandre donna à Porus un royaume plus grand que celui qu'il avait auparavant. (*Duviv.*).

Le monde est si corrompu, que l'on acquiert la réputation d'homme de bien seulement en ne faisant pas de mal. (*De Lévis*).

Le plaisir de l'étude est un plaisir aussi tranquille, que celui des autres passions est inquiet. (*Girard*).

282. Le mauvais exemple nuit autant à la santé de l'âme, que l'air contagieux à la santé du corps. (*Marmontel*).

Cette tragédie offre tant de beautés, que je l'aurais crue de Racine. (*Fabre*).

Aristide était aussi vaillant que juste. (*Girard*).

Un repentir efface souvent bien des péchés. (*Bossuet*).

On fait beaucoup de bruit, et puis on se console;
Sur les ailes du temps la tristesse s'envole. (*La Font.*)

Le pays n'est pas peuplé à proportion de son étendue, il s'en faut de beaucoup; mais tel qu'il est, il possède autant de sujets qu'aucun état chrétien. (*Voltaire*).

De cet exemple-ci ressouvenez-vous bien,
Et, quand vous verriez tout, ne croyez jamais rien. (*Mol.*)

Combien il m'est pénible de vous parler ainsi. (*Acad.*).

283. Voulez-vous savoir comment il faut donner? mettez-vous à la place de celui qui reçoit. (*De Puysieux*).

Vous voyez comme les empires se succèdent les uns aux autres. (*Bossuet*).

La langue paraît s'altérer tous les jours, mais le style se corrompt bien davantage. (*Voltaire*).

Combien y a-t-il dans ce sac? Il y a environ trois cents francs. (*Acad.*)

On ne trouve guère d'ingrats tant qu'on est en état de faire du bien. (*La Rochefoucauld*).

Ici il y a une forêt, là il y a une montagne.

Il vaut mieux se taire que de parler mal à propos. (*Acad.*).

Cette terre vaut plus de cent mille francs. (*Fabre*).

284. Il vaut mieux prévenir le mal que d'être réduit à le punir. (*Fén.*).

Cela est plus ou moins grand; pis ou autrement que vous ne dites. (*Acad.*).

Rien n'est plus commun que la mort, et rien n'est si rare que de n'en être pas surpris. (*Nicole*).

Il n'est nullement instruit de cette affaire. (*Acad.*).

Vous écrivez mieux que vous ne parlez. (*Beauzée*).

Assez ordinairement il n'y a pas beaucoup d'argent chez les gens de lettres. (*Beauzée*).

Mais peut-être, au défaut de la fortune, les qualités de l'esprit, les grands desseins, les vastes pensées pourront nous distinguer du reste des hommes. (*Bossuet*).

285. Plutôt perdre tout que de rien faire contre sa conscience. (*Acad.*).

« L'âme de Mazarin, qui n'avait pas la barbarie de celle » de Cromwel, n'en avait pas non plus la grandeur. »

Il a été donné aux Chinois de commencer en tout plus tôt que les autres peuples, pour ne plus faire aucun progrès. (*Voltaire*).

Il est habile, et pourtant il a fait une grande faute.

(*Acad.*).

On crie beaucoup contre les vices, et cependant on ne se corrige point. (*Girard*).

Toutefois les froides soirées

Commencent d'abréger le jour. (*J.-B. Rousseau*).

Quand sera-ce que vous me viendrez voir ? (*Acad.*).

286. Non, je n'irai pas, ils n'y iront par eux-mêmes ; je saurai bien les en empêcher. (*Fén.*).

On n'est pas digne de soutenir la justice, quand on peut aimer quelque chose plus qu'elle. (*Massillon*).

« Il ne saurait dire deux mots de suite. (*Acad.*). »

« Il faut que les enfants obéissent tout de suite. »

Les chevaux qui ont le poil roux sont ou tout bons ou tout mauvais. (*Acad.*).

Nos vaiseaux sont tout prêts, et le vent nous appelle. (*Racine*).

Il s'en fallait beaucoup, avant Pierre-le-Grand, que la Russie fût aussi puissante. (*Voltaire*).

CHAPITRE IX.—MOTS INVARIABLES.—(V. Gr., 32).

DE LA PRÉPOSITION. — (V. Gr., 334 à 339).

334. Qu'est-ce que la *préposition*? — Expliquez-en un exemple. —335. Qu'entend-on par prépositions *simples*? — 336. Qu'entendez-vous par *locutions prépositives*? — 337. Citez quelques prépositions *simples*. — Comment distingue-t-on *en*, préposition, de *en*, pronom ?

— 338, Citez quelques locutions *prépositives*. — 339. Quels mots
sont complément des *prépositions* ?

PROCÉDÉ : L'élève analysera, de vive voix, toutes les parties du discours jusqu'aux *prépositions* comprises, et il ne soulignera que ces
dernières dans le devoir par écrit.

287. La gaieté, le bonheur sont sous un toit rustique;
ils s'égarent dans les châteaux. *(Favart)*.

L'homme dès sa naissance a le sentiment du plaisir et
de la douleur. *(Marmontel)*.

Il se répand autour des trônes certaines terreurs qui em-
pêchent de parler aux rois avec liberté. *(Fléchier)*.

Dans la prospérité, il est agréable d'avoir un ami ; dans
le malheur, c'est un besoin. *(Sénèque)*.

C'est une miséricorde de Dieu de semer des amertumes
et des dégoûts parmi les douceurs trompeuses du monde.
(Bossuet).

L'héroïsme de la bonté est d'aimer jusqu'à ses ennemis.
(Marmontel).

L'art est toujours auprès de la nature. *(De Valmont)*.

288. La conscience nous avertit en ami avant de nous
punir en juge. *(Stanislas*, roi de Pologne)*.

L'horreur que les Perses avaient pour le mensonge fit
qu'il passa toujours parmi eux pour un vice honteux et bas.
(Bossuet)

A quoi sert-il à un peuple que son roi subjugue d'autres
nations, si l'on est malheureux sous son règne ! *(Fén.)*.

Le vice est si hideux, qu'il n'ose se produire que sous
les traits de la vertu. *(Josèphe)*.

Les grands seraient inutiles sur la terre, s'il ne s'y trouvait des pauvres et des malheureux. *(Massillon)*.

Je crains Dieu, et après Dieu je crains principalement
celui qui ne le craint pas. *(Sadi)*.

289. Si jamais on peut dire que la voie du chrétien est
étroite, c'est durant les persécutions. *(Bossuet)*.

L'homme est placé libre entre le vice et la vertu. *(Marm.)*.

Quelle distance depuis l'instinct d'un Lapon ou d'un nè-
gre, jusqu'à l'intelligence d'un Archimède ou d'un New-
ton ! *(Marmontel)*.

Le mortel heureux contracte une dette avec le malheur.
(Le Tourneur).

Les talents produisent suivant la culture. *(Marmontel)*.

« La vraie gloire est le lot d'un monarque qui s'est occupé pendant un règne orageux du bonheur de ses sujets, et qui s'en est occupé avec succès. » *(Gir.-Duviv.)*.

Outre l'estime de soi-même, qui est elle seule un si grand bien, l'honnête homme a de plus l'estime et la confiance universelles. *(Marmontel)*.

290. La terre, cette bonne mère, multiplie ses dons selon le nombre de ses enfants qui méritent ses fruits par leur travail. *(Fén.)*.

Point de vertu sans religion, point de bonheur sans vertu.
(Diderot).

« Il faut toujours être prêt à servir ses amis, excepté contre sa conscience. » *(Gir.-Duvivier)*.

Hors l'église romaine, toutes les autres sympathisent avec les incrédules. *(Bossuet)*.

« Si tous les livres devaient être brûlés, hormis un seul, lequel voudriez-vous conserver ? *(Gir.-Duvivier)*.

On peut tout sacrifier à l'amitié, sauf l'honnête et le juste. *(Marmontel)*.

Un conquérant est un homme que les Dieux, irrités contre le genre humain, ont donné à la terre dans leur colère.
(Fén.).

291. La vérité, nonobstant le préjugé, l'erreur et le mensonge, se fait jour et perce à la fin. *(Marmontel)*.

Celui qui a besoin de conseils concernant, touchant la probité, ne mérite pas qu'on lui en donne. *(Marmontel)*.

Il ne faut qu'un soupir de l'innocent opprimé pour remuer le monde. *(Fable orientale)*.

« Le génie et la vertu marchent à travers les obstacles. »

Quelque soin que l'on prenne de couvrir ses passions par des apparences de piété et d'honneur, elles paraissent toujours au travers de ces voiles. *(La Rochefoucauld)*.

« Silence ! silence ! voici l'ennemi, disait le grand Condé à l'auditoire, quand Bourdaloue montait en chaire. »

292. Juger les autres en toute rigueur, se pardonner tout à soi-même : voilà deux mortelles maladies qui affligent le genre humain. *(Bossuet)*.

Le prince doit être au-dessus des autres, et la loi au-dessus de lui. *(mot de François Ier)*.

« Le papier a été inventé vers la fin du quatorzième siècle, et l'imprimerie vers le milieu du quinzième. *(Duviv.)*.

Retenir des papiers par devers soi. *(Acad.)*.

On peut dire que Henri IV fut véritablement le héros de la France. Ses talents, ses vertus, et jusqu'à ses défauts, tout, pour ainsi dire, nous appartient. *(Thomas)*.

Jusques au ciel ; jusque dans les enfers. *(Acad.)*.

Il est sorti malgré la grêle, malgré la pluie. *(Acad.)*.

Il loge vis-à-vis de mes fenêtres. *(Acad.)*.

CHAPITRE X. — MOTS INVARIABLES (V. Gr., 32).

DE LA CONJONCTION. — (V. Gr., 240 à 347).

340. Qu'est-ce que la *conjonction?* — Expliquez-en un exemple. — 341. Que faut-il observer quand la conjonction se trouve au commencement de la phrase? — 342. Comment divise-t-on les conjonctions? — 343. Qu'entend-on par conjonctions *simples?* — 344. ... par locutions *conjonctives?* — 345. Citez des conjonctions *simples.* 346. ... des locutions conjonctives? — 347. Comment distingue-t-on une locution *prépositive* d'une locution *conjonctive?* — 347.-2° Dans quel cas certaines *prépositions*, telles que *avant*, *après*, *devant*, etc., deviennent-elles de simples *adverbes?* — 347.-3° A quelle observation donne lieu le mot *si?*

Procédé : L'élève analysera, de vive voix, jusqu'aux conjonctions comprises, mais il ne soulignera que ces dernières sur le cahier.

293. Heureux celui qui sait se contenter de peu ! son sommeil n'est troublé ni par les craintes, ni par les désirs honteux de l'avarice. *(Horace, trad.)*.

Il a véritablement quelques défauts ; au surplus il est honnête homme. *(Acad.)*.

L'instinct ou l'esprit des animaux varie ; mais le sentiment est pareil dans toutes les races. *(Châteaubriand)*.

Que la fortune soit sans reproche , j'accepte ses faveurs ; sinon je les refuse. *(Régnier-Desmarais)*.

Le bien qu'on fait n'est jamais perdu ; si les hommes l'oublient, les Dieux s'en souviennent et le récompensent.
(Fén.).

La fortune, soit bonne ou mauvaise, soit passagère ou constante, ne peut rien sur l'âme du sage. *(Marmontel)*.

294. Bien des gens s'embarrassent peu de la route, pourvu qu'elle les mène à la source des richesses. *(Duviv.)*.

« Une âme honnête, si elle a des torts, ne saurait être en paix avec elle-même, à moins qu'ils ne soient réparés. »
(Duviv.).

Un état touche à sa ruine, quand on élève les mécontents aux premières dignités. *(Diderot).*

« Il est beau d'aider de son crédit un galant homme, quoiqu'on ait quelque sujet de se plaindre de lui. » *(Durivier).*

L'adversité, loin qu'elle soit un mal, est souvent un remède, et le contre-poison de la prospérité. *(Marmontel).*

Un homme est plus fidèle au secret d'autrui qu'au sien propre; une femme au contraire garde mieux son secret que celui d'autrui. *(La Bruyère).*

295. Tandis que tout change et périt dans la nature, la nature elle-même reste immuable et impassible. *(Marm.).*

Tant que les hommes pourront mourir et qu'ils aimeront à vivre, le médecin sera raillé et bien payé. *(La Bruyère).*

Aussitôt que le Khan de Tartarie a dîné, un héraut crie que tous les autres princes de la terre peuvent aller dîner, si bon leur semble. *(Montesquieu).*

Dès qu'on sent qu'on est en colère, il ne faut ni parler ni agir. *(Marmontel).*

Dieu accorde quelquefois le sommeil aux méchants, afin que les bons soient tranquilles *(Sadi).*

Il y a des vérités qui sont la source des plus grands désordres, parce qu'elles remuent toutes les passions. *(Chât.).*

296. « Puisque Dieu ne punit pas toujours le crime, et ne récompense pas toujours la vertu sur la terre, à la mort tout ne peut être fini. » *(G. Duvivier).*

L'homme orgueilleux est insensé; car il est né faible, imbécile, indigent et nécessiteux. *(Marmontel).*

Les hommes vivent comme s'ils ne devaient jamais mourir. *(Le Tourneur).*

La prospérité éprouve les caractères, de même que l'infortune. *(Marmontel).*

Il a employé beaucoup de temps et beaucoup de soins à cet ouvrage; aussi espère-t-il qu'on le trouvera utile. *(Restaut).*

Je pense, donc Dieu existe, car ce qui pense en moi, je ne le dois point à moi-même. *(La Bruyère).*

L'homme bienfaisant ne s'indigne point de rencontrer des ingrats, vu qu'il n'a pas compté sur la reconnaissance, et qu'il se trouve payé par le plaisir d'avoir fait du bien. (*Marmontel*).

297. L'envie est un sentiment triste et bas, un noir chagrin du bonheur d'autrui ; elle est par conséquent le supplice des âmes viles. (*Marmontel*).

« La fortune est inconstante ; c'est pourquoi on doit toujours avoir des sujets de crainte dans la prospérité, et des motifs d'espérance dans l'adversité. » (*Restaut*).

> J'eus un maître autrefois que je regrette fort,
> Et que je ne sers plus, attendu qu'il est mort. (*Destouches*).

« Notre prince est juste et bon ; ainsi vous pouvez tout espérer de sa magnanimité. » (*Restaut*).

« Soyez sincère, franc et loyal, et conduisez-vous de sorte que vos parents puissent se glorifier de vous avoir pour fils. » (*G. Duvivier*).

A moins que vous ne soyez utile, vous ne serez pas recherché. (*Acad.*).

298. C'est là ce qu'il y a de plus sage ; au reste, c'est ce qu'il y a de plus juste. (*Marmontel*).

Cet homme est bizarre, emporté ; du reste brave et intrépide. (*Bouhours*).

Comme l'ambition n'a pas de frein, et que la soif des richesses nous consume tous, il en résulte que le bonheur nous fuit à mesure que nous le cherchons. (*Th. Corn.*).

La reconnaissance est le plus doux comme le plus saint des devoirs. (*Thomas*).

Ne nous livrons pas trop, de crainte qu'on ne nous trompe. (*Acad.*)

Il n'y a rien qui rafraîchisse le sang comme d'avoir su éviter de faire une sottise. (*La Bruyère*).

299. De même que le soleil brille sur la terre, de même le juste brillera dans les cieux. (*Acad.*).

Les enfants n'ont ni passé, ni avenir ; et, ce qui ne nous arrive guère, ils jouissent du présent. (*La Bruyère*).

Lequel des deux a tort, ou celui qui cesse d'aimer, ou celui qui cesse de plaire ? (*Marmontel*).

Rien n'enfle et n'éblouit les grandes âmes, parce que rien n'est plus haut qu'elles. (*Massillon*).

« Pendant que vous goûtiez toutes sortes de plaisirs, j'enrichissais ma mémoire de la connaissance des langues. » (*G. Duvivier*).

« Tandis que vous vous divertissiez, je me consumais dans le chagrin. » (*G. Duvivier*).

Quoiqu'il aimât la gloire, il la cherchait dans le témoignage de ses actions et non dans le témoignage des hommes. (*Fléchier*).

Si la vie et la mort de Socrate sont d'un sage, la vie et la mort de Jésus sont d'un Dieu. (*J.-J. Rousseau*).

CHAPITRE XI.—MOTS INVARIABLES. (V. Gr., 32).

DE L'INTERJECTION. — (V. Gr., 348 à 353).

348. Qu'est-ce que l'*interjection?* - - 349. Comment divise-t-on les interjections? — 350. Qu'entend-on par interjections *simples?* — 351 ... par locutions *interjectives?* — 352. Citez des interjections simples. — 353. ... des locutions *interjectives.*

Procédé : L'élève analysera, de vive voix, les dix parties du discours, et il ne soulignera que les *interjections*, dans le devoir écrit.

300. Ah ! quel plaisir ! Ah ! que cela me fait mal ! (*Ac.*). Ah ! que je suis heureux de revoir un ami ! (*Domerg.*).

Ha ! l'homme savant, on vous y prend aussi. (*Dom.*).

Ha ! vous voilà. (*Acad.*).

Oh ! que nous ne sommes rien ! (*Bossuet*).

Hé ! pauvre homme, que je vous plains ! (*Acad.*).

Oh ! qu'il est cruel de n'espérer plus ! (*Fénélon*).

Ho ! que me dites-vous là ! (*Domergue*).

Eh! qui n'a pas pleuré quelque perte cruelle! (*Delille*).
D'une âme généreuse, ô volupté suprême !
Un mortel bienfaisant approche de Dieu même! (*L. Racine*).

O mon fils ! adorez Dieu, et ne cherchez pas à le connaître. (*Barthélémy*).

301. Je l'avoue : mais, hélas ! cette joie ne fut pas de longue durée. (*Fontenelle*).

Hé bien ! à tes conseils je me laisse entraîner. (*Racine*).
Ciel ! que vais-je lui dire? et par où commencer? (*Racine*).

Oh ! qu'heureux sont les gens qui ne veulent pas souffrir les injures d'être instruits en cette doctrine. (*Pascal*).

Oh! oh! mon petit ami Gusman, méditeriez-vous, par hasard, quelqu'un de ces tours de passe-passe que vous savez si bien faire? (*Le Sage*).

Oh çà! maître Jacques, approchez-vous; je vous ai gardé pour le dernier. (*Molière*).

Ha! vous êtes dévot, et vous vous emportez. (*Molière*).

Ho! venez un peu ici. (*Acad.*).

Nota. Si l'élève a suivi exactement les procédés que nous avons donnés depuis le commencement de ces *Exercices*, il doit connaître parfaitement la classification des mots. Il est désormais en état de faire seul une analyse *grammaticale*. A cet égard, nous publierons prochainement un petit volume qui fera suite à celui-ci, et où chaque *exercice* d'analyse contiendra, généralement, les dix parties du discours; ce sera, contrairement à ce qui s'est fait, un moyen de les lui rappeler chaque jour. Nous indiquerons ensuite deux autres sortes d'*analyse*, l'analyse du *sujet*, du *verbe*, de l'*attribut* et du *complément*, puis l'analyse *logique*.

CHAPITRE XII.

ORTHOGRAPHE. — *Mots dérivés*. (V. Gr., 354).

302. Nous supposons que l'élève a déjà été exercé à faire quelques dictées faciles. Il n'aura donc aucune peine à faire bien cet exercice.

Dites les dérivés indiqués par les lettres finales de mots suivants:

Abandon.	Char.	Destin.	Fût.
Accent.	Chaud.	Devin.	Gant.
Actuel.	Chrétien.	Divin.	Germain.
Admis (*part.*).	Clin (*d'œil*).	Dos.	Humain.
Arrêt.	Club.	Ecart.	Idiot.
Assassin.	Commun.	Ecrit.	Indécis.
Blanc.	Compas.	Egoût.	Infect.
Bourg.	Compris.	Emprunt.	Inhumain.
Brigand.	Confit.	Engrais.	Jardin.
Candidat.	Cordon.	Etal.	Jardinier.
Canon.	Crac.	Excès.	Laitier.
Caquet.	Dent.	Franc.	Lambris.
Carton.	Dernier.	Front.	Las.
Certain.	Désert.	Fruit.	Latin.

Magasin.	Paris.	Raisin.	Son.
Main.	Part.	Raison.	Soudain.
Marin.	Patron.	Rat.	Sourd.
Mauvais.	Persan.	Rejet.	Support.
Mépris.	Plant.	Respect.	Tard.
Moisson.	Pont.	Retard.	Tas.
Mutin.	Port.	Rond.	Travers.
Nom.	Prêt.	Rôt.	Trop.
Obus.	Prison.	Salut.	Vilain.
Occident.	Quart.	Saut.	Vingt.
Orient.	Rabais.	Sens.	Voisin.

(L'élève fait également ce devoir par écrit, et indique le dérivé à la suite de chacun des mots ci-dessus).

ORTHOGRAPHE. — *Des homonymes.*

355. Qu'entend-on par *homonymes?* — Expliquez-en un exemple.

Dictées sur les homonymes.

303. Ce laborieux cordonnier enfonce son alène cent fois dans le soulier sans prendre haleine. Avant de se reposer, il veut travailler durant les quatre semaines de l'avent, pour contenter ses pratiques.

Tu bats ce pauvre âne, qui porte son bât chargé du matin au soir sans se plaindre. Si tu étais sans bas, sans souliers, obligé de travailler tout un jour, aimerais-tu qu'on te battît ainsi ?

Vous savez le conte du chat botté qui voulait faire épouser, au marquis, son maître, un princesse riche et d'une grande beauté.

304. Voilà un enfant qui boite et qui boitera toujours, par suite d'une imprudence. Sa maman l'avait envoyé chercher une boîte chez un marchand; mais marchant sur la queue de son chien, ce bon petit enfant voulut faire un bond par-dessus : malheureusement il tomba et se cassa la jambe.

Dimanche, le curé de la paroisse est monté en chaire; et, avant de commencer son sermon, il a dit : Chers paroissiens, je dois vous rappeler que nous ne devons manger de la chair ni le vendredi, ni le samedi, pour être fidèles aux lois de l'église.

305. Le notaire, mon voisin, a un clerc dont il n'est pas content ; si ce jeune homme ne travaille pas avec plus d'assiduité, il est clair que son patron sera obligé de le renvoyer.

J'ai des cors aux pieds ; j'ai la goutte ; tout mon corps est endolori : et pourtant tous les soirs je sonne du cor, en attendant l'époque de la chasse où j'espère me distraire.

Cette cour est suffisamment vaste pour les élèves, et les appartements conviennent très bien pour le cours que le professeur doit y faire.

306. Je crois que la croix que nous voyons sur cette hauteur, est faite d'un arbre qui croît dans ce pays.

Je crains fort que le crin de ce matelas ne soit pas d'une bonne qualité.

Le bœuf, si utile pendant sa vie, nous sert encore après sa mort : sa chair, que nous faisons cuire, est la meilleure partie de notre nourriture ; et sa peau produit le cuir dont on fait notre chaussure.

Tu as encore toutes tes dents, toi ; pour moi, je viens d'en faire arracher une, et je crois bien que dans deux jours j'en ferai extraire un seconde.

307. La sauce qui dégoutte de ton menton quand tu manges, dégoûte et indigne tous ceux qui sont à table.

L'homme dont nous parlons a le don de plaire à tout le monde ; il est donc bien naturel qu'on le recherche.

Étant parvenu au bout de votre verger, j'ai vu votre étang, qui est rempli de poisson.

Il fait bien chaud, mon ami, pour porter un faix aussi lourd que tu le fais.

308. Tailleurs de pierre et maçon, faites un bouquet ; vous le monterez au faîte de la maison que vous m'avez faite, et que vous avez terminée justement le jour de ma fête ; puis nous boirons à notre santé réciproque.

Le manche de ce foret est fait d'un morceau de bois coupé dans la forêt voisine.

Je goûte seulement de votre liqueur, parce j'ai la goutte, et qu'il m'est défendu d'en boire.

Tu es bien hardi de vouloir traverser cette haie, et quoique tu aies un bon pantalon, tu pourrais bien le déchirer. Pour moi, je hais ces sortes de promenades.

Il n'est pas facile pour un enfant de dire ce que c'est qu'un ais ; ce mot a vieilli. On l'employait pour désigner une planche.

309. Une dame disait à un monsieur : Je compte (j'espère), monsieur le comte, que vous ne me ferez pas un conte au lieu de l'histoire que vous m'avez promise.

Un aubergiste a dit à un hôte : Ote ta hotte de cet endroit, et porte-la dans la chambre haute.

Cette halle n'est pas close, et le hâle de l'été dessèche tout ce qui s'y trouve.

Comme il est jeune, je ne pense pas que le jeûne lui soit indispensable.

310. Je l'ai vue, cette laie, qui donne tant de lait à ses petits tous les matins. —Je connais un frère lai qui est bien laid ; mais il a une belle âme, car il a fait un legs de vingt mille francs pour l'hospice des pauvres, bâti sous les auspices de votre oncle.

Puisque tu es las, reste là et repose-toi.

Ton frère a pris trois hirondelles, mais une d'elles n'a déjà plus d'ailes.

Ce mets est excellent, mais surtout dans le mois de mai.

Il a poursuivi plusieurs lapins ; il a pris un mâle, l'a mis dans une malle et il est parti.

311. Mon maître, loin de m'être agréable, vient de me mettre à la porte, et cela parce que j'ai donné un coup de bâton sur le cou de son mâtin qui, chaque matin, m'atteint de quelque coup de dents.

Par ma foi, pour une fois que j'ai corrigé cette bête, c'est être aussi sévère qui si je lui avais arraché le foie.

Cet homme vient chaque mois chez moi pour recevoir sa petite pension.

Mon père et mon oncle m'ont dit qu'ils ont vu le mont Blanc.

Il naît et meurt, dit-on, soixante-douze mille personnes par jour ; il n'est pas facile de rendre ce compte clair et net.

312. Je ne ferais pas un pas pour manger de cette pâte, où le chat vient de mettre la patte et la dent.

Voyons si tu as du courage : entre dans cet antre qui est entre ces deux montagnes ; à ton retour, nous jouerons à la paume avec cette pomme, que l'un jettera à l'autre.

L'abbesse de ce couvent craint qu'on ne l'abaisse en lui donnant une supérieure.

Cet enfant a cru pêcher, parce qu'il a secoué mon pêcher en s'en allant pêcher ; mais mon autorisation empêche qu'il ne pèche pour une pêche qu'il cueille en allant à la pêche.

313. Ce pène est trop long, il y aura bien de la peine à le faire entrer dans la gâche.

On donne le nom de penne (*féminin*) à une grosse plume d'oiseau de proie ; mais on dit également des *pennes* en parlant des petites plumes fixées dans le haut d'une flèche pour la faire aller droit.

C'est une œuvre pie que de ne pas nuire à cette pauvre femme, qui jase comme une pie.

C'est au pis d'une vache que le docteur Jenner a découvert le virus (sorte de pus) qu'on emploie dans la vaccine (de *vacca*, vache), pour préserver les enfants de la petite vérole ou picotte ; aussi tant pis pour ceux qui ne veulent pas se faire vacciner.

314. Voilà une plaine qui est pleine de mauvaises herbes. Il faut la prêter à un pauvre laboureur plutôt que de la laisser inculte : vous verrez que, pour la cultiver, il se lèvera plus tôt que nous.

Voici un sac de pois verts dont le poids est, dit-on, de cinquante kilogrammes. Otez la poix qui est dans cette balance, nous le pèserons de nouveau.

Je ne crois point qu'il ait donné un coup de poing à cet enfant qui est malade, et dont le pouls est très agité par la suite de l'indisposition que lui donnent les poux dont il est couvert. Vous dites qu'il pue de la tête ; mais il faudrait qu'un médecin pût venir pour inciser ce dépôt rempli de pus et de vermine. Hier j'allai le chercher, mais je ne pus le rencontrer.

315. Quand je sortis de la ville de Caen, en 1803, je

me dirigeai vers le camp de Boulogne. Quant à moi, ce n'est qu'en voyant la noble ardeur de nos soldats, que je pus me rendre compte de l'entreprise hardie de Bonaparte, car il avait à peine le quart des troupes nécessaires pour soumettre l'Angleterre.

Dès que le rôt a paru sur la table, nous en avons mangé, et le repas a été très gai ; un des convives pourtant a fait entendre un rot qui a étourdi tout le monde par son indécence.

Cet homme à cheveux roux a été assez méchant pour faire passer la roue de son char sur la patte de mon chien.

316. Cette malheureuse femme, que vous voyez glaner çà et là dans nos champs, tamise sa farine avec un gros sas, pour ne laisser que le gros du son ; aussi ne mange-t-elle que du pain gris.

L'air est mal sain ; il est prudent de rentrer.

Entrez dans l'église Saint-Louis, vous verrez l'enfant Jésus sur le sein de sa mère sainte Marie.

Ces cinq généraux, le front ceint de laurier, et tenant chacun une branche d'olivier, ont apposé leur seing au bas d'un traité de paix et d'alliance.

317. Un sot jardinier est entré dans mon jardin et a pris mes deux seaux près du puits, puis il a fait un saut par-dessus le mur et s'est sauvé ; mais je viens de mettre le sceau à une lettre que j'écris à M. le Garde-des-Sceaux, pour faire punir le voleur.

L'eau de la Seine n'est sûrement pas saine pour les personnes étrangères au département de la Seine ; car j'ai vu à Paris une scène qui m'a beaucoup affligé. Des pêcheurs jetèrent une senne (ou seine) dans la rivière et prirent beaucoup de poisson. Le soir on fit la cène, c'est-à-dire, on soupa ; mais les convives burent beaucoup d'eau de la Seine, et ils tombèrent malades.

318. Tous les matins, les ouvriers sont rendus à leurs travaux au son de la cloche ; et chacun prend son outil dont le son retentit au loin ainsi que la chanson. Je suis pourtant sûr que sur cent d'entre eux il y en a plus de quatre-vingt-dix dont le pain se compose d'autant de son que de farine.

Tes yeux sont couverts d'une taie qu'il t'est facile de faire disparaître. Je t'ai dit de consulter un médecin ; tu t'es obstiné à ne rien faire, et tu te tais à tous les conseils que je te donne.

Tâche de ne pas faire de taches à ton habit en mangeant.

Le tan est de l'écorce de chêne réduite en poudre, dont se servent les tanneurs pour préparer le cuir. Quand j'aurai le temps, je te ferai voir cette opération ; mais tu me tourmentes tant pour cette curiosité, que j'ai envie de t'en priver.

319. Cet enfant a la tête penchée sur le sein de sa mère, où il tête à longs traits le lait de la vie qui lui est donné très abondamment.

Ce ne sont point de vaines erreurs qui font dire que le sang qui passe dans nos veines remonte au cœur, d'où il descend dans les membres par d'autres vaisseaux appelés artères.

Ce fut en vain que tu vins l'autre jour m'inviter à boire de ton vin de vingt ans ; je devins inflexible, parce que j'étais indisposé, et tu ne pus vaincre ma résolution.

320. Hier soir, en me rendant chez un voisin, vers huit heures, je mis le pied sur un ver que j'écrasai à mon grand regret, car cet insecte ne me faisait aucun mal.

Quand on fut à table, on parla des vers de Racine, de Boileau ; des chansons de Béranger. On proposa de boire, et bientôt les verres coururent à la ronde ; trois grosses bouteilles de verre vert suffirent à peine au premier tour.

Il y a un vice, un défaut dans cette serrure ; c'est que la vis qui la fixe à cette porte est trop courte.

Les marins ne peuvent vivre des vivres que l'eau de la mer a touchés ; mais je vois que ma voix a été entendue du commandant, qui a dit qu'on ferait du pain frais.

A l'aide de ces exemples, le maître pourra facilement préparer d'autres dictées pour les homonymes suivants : Aine, Aisne, haine. — air, aire, ère, hère. — allée, hâlé. — amande, amende. — an, en. — ancre, encre. — autan, autant. — autel, hôtel. — auteur, hauteur. — ban, banc. — cap, cape. — carte, quarte. — cartier, quartier. — coin, coing. — céler, sceller, seller. — cellier, sellier.

— c'en, cent, sang, sans, s'en, sens, sent. — cerf, serf, sers. — c'est, sais, ses. — chêne, chaîne. — cet, cette, Cette (ville). — briguant, brigand. — but, butte. — cachait, cachet, cachette. — caisse, qu'est-ce. — cane, canne, Cannes (ville). — canot, canaux, qu'à nos. — chaud, chaux. — chœur, cœur. — comptant, comptant, content. — doigt, dois. — cote, côte, cotte. — cri, cric, cric. — croisé, croisée. — cygne, signe, signe (il). — danse, dense, dans ce... — date, datte. — déceler, desceller, desseller, etc., etc.

FIN.

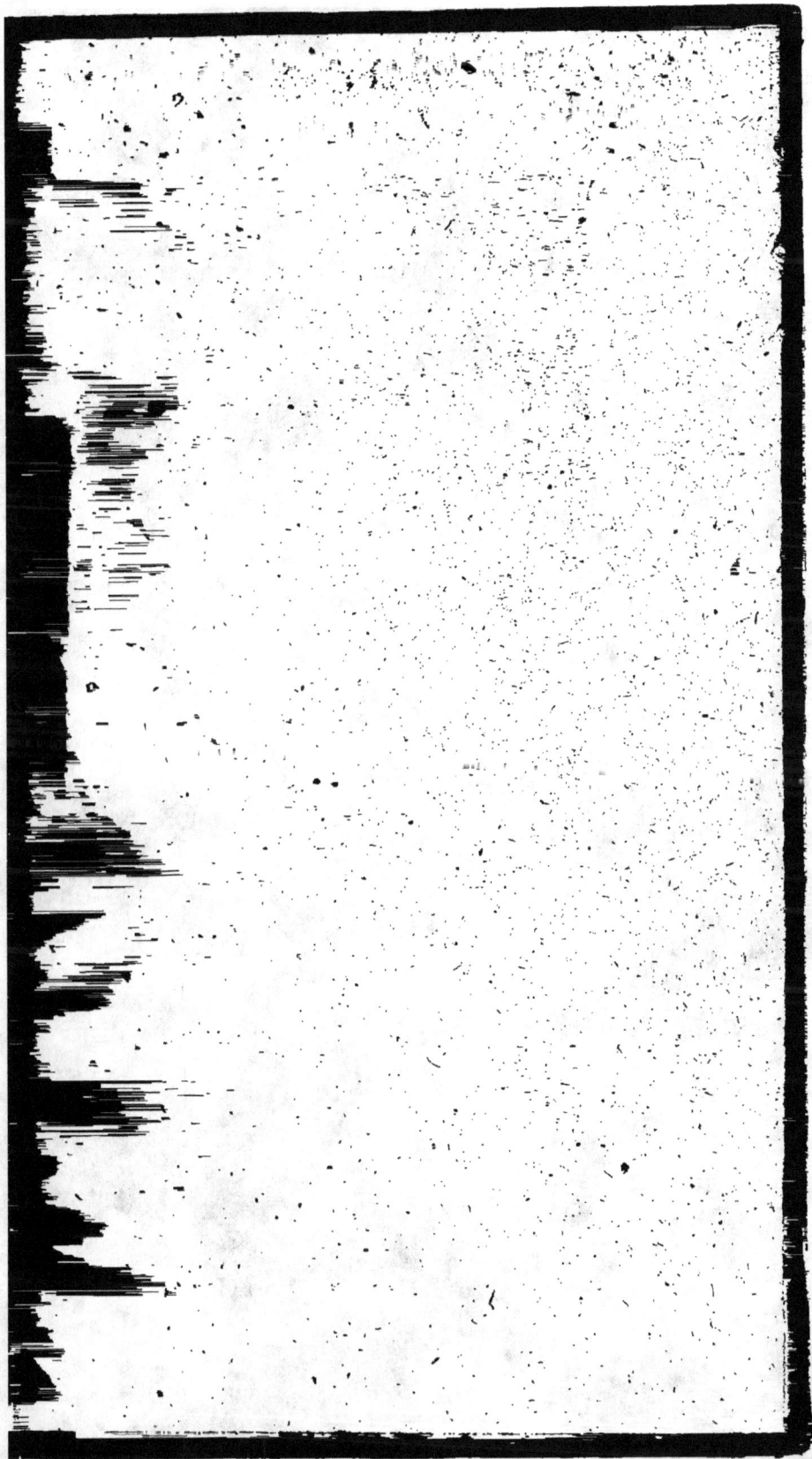

www.ingramcontent.com/pod-product-compliance
Lightning Source LLC
Chambersburg PA
CBHW070804290326
41931CB00011BA/2126